建设工程施工合同无效的
思考和重构

左金风／著

中国商业出版社

图书在版编目（CIP）数据

建设工程施工合同无效的思考和重构 / 左金风著.
北京 ：中国商业出版社， 2024. 10. -- ISBN 978-7
-5208-3200-7

Ⅰ. D923.64

中国国家版本馆 CIP 数据核字第 20246VR621 号

责任编辑：许启民
策划编辑：武维胜

中国商业出版社出版发行
（www.zgsycb.com　100053　北京广安门内报国寺 1 号）
总编室：010-63180647　编辑室：010-83128926
发行部：010-83120835/8286
新华书店经销
北京亚吉飞数码科技有限公司印刷
*
710 毫米 ×1000 毫米　16 开　7.5 印张　200 千字
2024 年 10 月第 1 版　2024 年 10 月第 1 次印刷
定价：98.00 元
* * * *

前　言

建筑施工合同作为建筑市场运行的基本法律文件，其效力问题直接关系建筑市场的秩序、各方当事人的权益以及社会公共利益。在建筑施工合同领域，无效合同问题一直是理论和实务中的重要议题。无效合同的认定不仅涉及法律规则的适用，更折射出建筑市场管理与法律规范之间的矛盾与冲突。

我国是成文法国家，但案例研究仍很重要。法学数据库资源的丰富性为实证研究提供了坚实的基础。以“北大法宝数据库”为例，截至 2025 年 2 月 27 日，其收录的判决文书已达 156778464 篇，这些数据为研究建设工程施工合同无效的原因及其法律后果提供了宝贵的实证材料。

本书研究发现，导致建设工程施工合同无效的主要原因是当事人违反法律、行政法规的强制性规定。通过对大量案例的分析，我们进一步发现，工程质量与合同无效之间并无直接关联性。这一结论揭示了长期以来被忽视的问题：一些建筑管理措施与建筑市场的发展不相适应。

在行政管理与法律规范之间，法律人是将违反行政管理措施的行为一律视为违反法律、行政法规的强制性规定，还是回归《中华人民共和国民法典》及其相关司法解释的立法原意，在建筑施工领域重新审视“违反法律、行政法规的强制性规定”与合同无效之间的关系？

最高人民法院民事审判第二庭、研究室编著的《最高人民法院民法典合同编通则司法解释理解与适用》序言中指出：“在保持司法政策延续性的同时，司法解释也应根据新的社会形势以及理论界与实务界新的成果对合同法律制度进行发展，从而更有针对性地解决当前司法实践中存在的问题。”这一观点为我们提供了重要的指引。我们期待，未来的司法实践中能够更加注重法律规范的实质价值，平衡建筑市场管理与合同效力认定之间的关系。

本书的研究希望能够为这一目标贡献一份力量，通过对建设工程施工合同无效问题的深入思考和重构，推动建筑法律制度的完善与发展。

目　录

第一章

建设工程合同施工无效的情形及实证分析

一、建设工程施工合同无效的情形

《中华人民共和国民法典》（以下简称民法典）不是简单地把以前的民事领域的各个单行法汇总在一起，而是通过法典形式对一个法律行为进行综合性分析。但是目前对建设工程施工合同无效的理解仍然沿用《民法典》生效以前的思维。

在《民法典》生效以前，《中华人民共和国合同法》（以下简称合同法）（已失效）第四十条[1]、第五十二条[2]、第五十三条[3]规定一般合同无效有6种情形，最高人民法院对于合同法（已失效）第五十二条进行解释，形成两个关于建设工程施工合同的司法解释[4]分别是2004年《施工司法解释》、2018年《施工司法解释》），这两个司法解释主要针对建设工程施工合同，规定了5种合同无效的情形，加在一起，总共有11种建设工程施工合同无效的情形。

这些导致建设工程施工合同无效的情形有因欺诈、胁迫订立合同无效，恶意串通导致合同无效，以合法形式掩盖非法目的合同无效，损害社会公共利益的合同无效，含有造成对方人身伤害的或因故意或者重大过失造成对方财产损失的免责条款的合同无效，提供格式条款一方免除其责任、加重对方责任、排除对方主要权利的格式条款的合同无效，承包人未取得建筑施工企业资质或者超越资质等级的合同无效，没有资质的实际施工人借用有资质的建筑施工企业名义的合同无效，建设工程必须进行招标而未招标或者中标无效的合同无效，非法

① 合同法（已失效）第四十条亟须格式条款具有本法第五十二条和第五十三条规定情形的，或者提供格式条款一方免除其责任、加重对方责任、排除对方主要权利的，该条款无效。

② 合同法（已失效）第五十二条亟须有下列情形之一的，合同无效亟须（一）一方以欺诈、胁迫的手段订立合同，损害国家利益亟须（二）恶意串通，损害国家、集体或者第三人利益亟须（三）以合法形式掩盖非法目的亟须（四）损害社会公共利益亟须（五）违反法律、行政法规的强制性规定。

③ 合同法（已失效）第五十三条亟须合同中的下列免责条款无效亟须（一）造成对方人身伤害的亟须（二）因故意或者重大过失造成对方财产损失的。

④《最高人民法院关于审理建设工程施工合同纠纷案件适用法律问题的解释》(2004年9月29日最高人民法院审判委员会第1327次会议通过，2005年1月1日起施行，法释〔2004〕14号）第一条，建设工程施工合同具有下列情形之一的，应当根据合同法第五十二条第（五）项的规定，认定

（一）承包人未取得建筑施工企业资质或者超越资质等级的；

（二）没有资质的实际施工人借用有资质的建筑施工企业名义的；

（三）建设工程必须进行招标而未招标或者中标无效的。

第四条，承包人非法转包、违法分包建设工程或者没有资质的实际施工人借用有资质的建筑施工企业名义与他人签订建设工程施工合同的行为无效。人民法院可以根据民法通则第一百三十四条规定，收缴当事人已经取得的非法所得。

《最高人民法院关于审理建设工程施工合同纠纷案件适用法律问题的解释（二）》（2018年10月29日最高人民法院审判委员会第1751次会议通过，自2019年2月1日起施行）》

第二条，当事人以发包人未取得建设工程规划许可证等规划审批手续为由，请求确认建设工程施工合同无效的，人民法院应予支持，但发包人在起诉前取得建设工程规划许可证等规划审批手续的除外。

转包、违法分包的合同无效，未取得建设工程规划许可证等规划审批手续的合同无效。

在这11种建设工程施工合同无效的情形中，在实务中，主要是司法解释规定的5种导致建设施工合同无效的原因占绝大部分比例。2023年5月5日在北大法宝平台，搜索条件为专题分类：建设工程；案件类型：民事案件；参照级别：法宝推荐；文书类型：判决书。审结日期：开始时间2005年1月1日至结束时间2019年12月31日。有关合同效力的案件4310件，其中合同无效的案件有999件，占所有关于合同案件的23%，但是因为违反法律、行政法规的强制性规定，导致合同无效的案件是984件，占合同无效案件的98%。

2021年1月1日，民法典生效，但是最高人民法院对建设工程施工合同的理解并没有与时俱进。根据民法典第一百四十条[①]、第一百五十三条[②]、第一百五十四条[③]、第四百九十七条[④]、第五百零六条[⑤]规定，一般合同无效有4种情形，最高人民法院对第一百五十三条进行解释[⑥]，2020年制定了《关于审理建设工程施工合同纠纷案件适用法

① 民法典第一百四十六条，行为人与相对人以虚假的意思表示实施的民事法律行为无效。

② 民法典第一百五十三条，违反法律、行政法规的强制性规定的民事法律行为无效。但是，该强制性规定不导致该民事法律行无效的除外。

③ 民法典第一百五十四条，行为人与相对人恶意串通，损害他人合法权益的民事法律行为无效。

④ 民法典第四百九十七条，有下列情形之一的，该格式条款无效：（一）具有本法第一编第六章第三节和本法第五百零六条规定的无效情形；（二）提供格式条款一方不合理地免除或者减轻其责任、加重对方责任、限制对方主要权利；（三）提供格式条款一方排除对方主要权利。

⑤ 第五百零六条，合同中的下列免责条款无效：（一）造成对方人身损害的（二）因故意或者重大过失造成对方财产损失的。

⑥ 最高人民法院关于审理建设工程施工合同纠纷案件适用法律问题的解释（一）（2020年12月25日最高人民法院审判委员会第1825次会议通过，自2021年1月1日起施行）。

第一条 建设工程施工合同具有下列情形之一的，应当依据民法典第一百五十三条第一款的规定，认定无效：

（一）承包人未取得建筑业企业资质或者超越资质等级的

（二）没有资质的实际施工人借用有资质的建筑施工企业名义的

（三）建设工程必须进行招标而未招标或者中标无效的。

承包人因转包、违法分包建设工程与他人签订的建设工程施工合同，应当依据民法典第一百五十三条第一款及第七百九十一条第二款、第三款的规定，认定无效。

第三条 当事人以发包人未取得建设工程规划许可证等规划审批手续为由，请求确认建设工程施工合同无效的，人民法院应予支持，但发包人在起诉前取得建设工程规划许可证等规划审批手续的除外。

律问题的解释（一）》（以下简称2020年《施工司法解释》），目前建设工程合同无效有9种，大致可以分为两类：一类是一般情形下的合同无效，以虚假的意思表示订立的合同无效，恶意串通导致合同无效，含有造成对方人身伤害的或因故意或者重大过失造成对方财产损失的免责条款的合同无效，提供格式条款一方免除其责任、加重对方责任、排除对方主要权利的格式条款的合同无效；另一类是司法解释下的合同无效，承包人未取得建筑施工企业资质或者超越资质等级的合同无效，没有资质的实际施工人借用有资质的建筑施工企业名义的合同无效，建设工程必须进行招标而未招标或者中标无效的合同无效，非法转包、违法分包的合同无效，未取得建设工程规划许可证等规划审批手续的合同无效。

表面上看民法典出台后，由以前导致建设工程施工合同无效的11种情形变为9种，但是对在建设工程领域“因为违反法律、行政法规的强制性规定”导致合同无效的理解没有变。2024年7月8日在北大法宝平台，搜索条件为，专题分类：建设工程；案件类型：民事案件；参照级别：法宝推荐；文书类型：判决书。审结日期：开始时间2021年1月1日至结束时间2023年12月31日。有关合同效力的案件6318件，其中合同无效的案件有1350件，占所有关于合同案件的21%，但是因为违反法律、行政法规的强制性规定，导致合同无效的案件是1325件，占合同无效案件的98%。

因而，本书对建设工程施工合同无效的研究，主要集中在2020年《施工司法解释》规定的5种建设工程施工合同无效的情形。

二、对建设工程合同无效实证分析

（一）样本收集与遴选

样本的采集使用的是“北大法宝”数据库，在案例数据库进行高级检索，在案件类型中选取“民事案件”，在专题分类中选取“建设工程”，在文书类型中选取“判决书”，在案件要素中按照“债权—合同的效力—合同无效—法律、行政法规的强制性规定”路径进行检索。

（1）案件的时间范围

民法典2021年1月1日生效，本研究的案件的审结日期，开始时间是2021年1月1日，结束时间是2023年12月31日。

（2）文书类型

只保留民事判决书，排除裁定书和调解书。没有收入“北大法宝”数据库的判决文书，不在本研究的数据分析范围。

（3）案件中建设工程合同无效原因主要是违反法律、行政法规的强制性规定。

在案件要素中按照“债权—合同的效力—合同无效—法律、行政法规的强制性规定”，一步一步检索，可以发现有关合同效力的案件有6138件，其中合同无效的案件1350件，在合同无效的案件中，由于违反法律、行政法规的强制性规定的案件1325件，因为格式合同条款的无效案件1件，因为合法形式掩盖非法目的的案件9件，因为违背公序良俗的案件73件。在建设工程合同无效的案件中，因为合同违反法律、行政法规的强制性规定而无效占98%，所以本书主要研究的案件限于因违反法律、行政法规的强制性规定而无效。

（4）案件的审理级别

在因为违反法律、行政法规的强制性规定而无效的案件中，高级人民法院审理的案件有3件，中级人民法院审理的案件有238件，基层人民法院审理的案件有1084件，专门法院审理的案件有3件。由于我国实施二级终审制，而高级人民法院审理的案件和专门法院审理的案件数量少，所以选择进行分析的案件是中级人民法院审理的案件。

（5）人工筛选

检索中级人民法院审理的238件案件后，对当事人之间的合同没有被法院判处为无效合同的案件予以人工筛除，最终得到适用民法典之前的法律判决建设工程合同无效的案件有116件，适用民法典判决建设工程合同无效的案件有16件，总案件数量是132件。

（二）建设工程合同因违反法律、行政法规的强制性规定而无效的数据分析

1. 审判程序分布

在调查统计的 132 件案件中，其中二审为 129 例占比 97.7%；一审为 2 例，占比 1.5%；再审为 1 例，占比 0.8%。因为全是中级人民法院受理的案件，说明绝大部分案件的审判结果是最终发生法律效力的。因而在以后案件统计中，不对审判程序作区别（见图 1–1、表 1–1）。

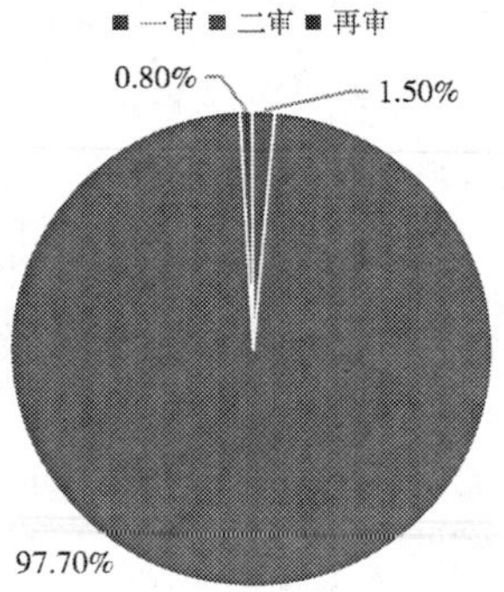

图 1–1　审判程序分布

表 1–1　审判程序统计

审判程序	案件数（件）	百分比（%）
二审	129	97.7
一审	2	1.5
再审	1	0.8
总计	132	100

2. 审判结果

在调查统计的二审 129 件案件中，93 件案件维持原判，占比 72.09%；20 件案件改判，占比 15.5%；15 件案件部分改判，占比 11.63%；1 件案件撤销一审判决，驳回起诉，占比 0.78%。改判和部分改判的案件加在一

起，将近 1/3 的案件，二审和一审的认定结果不完全一致，说明建设工程合同因违反法律、行政法规的强制性规定而无效，且具有复杂性（见图 1–2、表 1–2）。

3. 审结日期与施工项目完工日期之间的间隔统计

这里所说的施工项目完工日期，包括施工项目的竣工日期、验收日期、具体的完工日期。同一个案件有具体完工日期的，统计具体完工日期；没有具体完工日期的，统计竣工日期；没有竣工日期的，统计验收日期。并不是所有的案件在判决文书中记录有完工日期，在 132 件案件中，有 75 件案件能找到完工日期，统计单位是年（见图 1–3、表 1–3）。

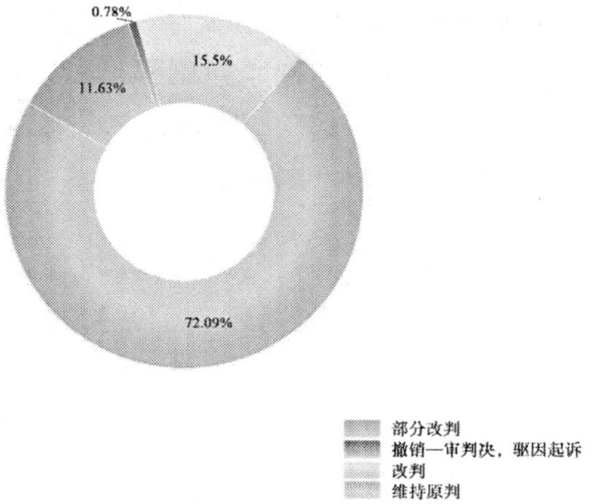

图 1–2　审判结果分布

表 1–2　审判结果统计

二审结果	案件数（件）	百分比（%）
部分改判	15	11.63
撤销一审判决，驳回起诉	1	0.78
改判	20	15.50
维持原判	93	72.09
总计	129	100

从图 1–3 可以发现，审结日期与施工项目完工日期之间的间隔平

均4.4年。如果间隔时间过短，实际施工人会因为发包人与承包人（或者转包人）之间没有结算，不能突破合同相对性与发包人支付工程款。如“典型案件1-10”罗海建与新疆疆域房地产开发有限公司、新疆冠农天府房地产开发有限公司的建设工程合同纠纷案，二审法院认为，实际施工人已经完工，可以找相对人（本案中的违法分包人）要求工程款，但是由于发包人、承包人（本案中的违法转包人）与违法分包人之间的工程款还没有结算，因而不支持突破相对性向发包方主张工程款。

2004年完工的案件有2件，这2件案件都是2023年审结，中间间隔18年；有1件案件2010年12月31日完工，2023年3月30日审结，中间间隔不到13年，按照12年算；审结日期与施工项目完工日期间隔8~9年的案件有9件。董淳锷在《法律规避下的契约私人治理研究——以建筑工程违法分包现象为切入点》[①]一文中，通过调研发现实际施工人因为违反法律法规的强制性规定而承包工程项目，与发包人、转包人、违法分包人之间的纠纷倾向于在法律框架之外寻求解决。这也是为什么项目完成以后，实际施工人间隔很长时间寻求诉讼救济的原因。

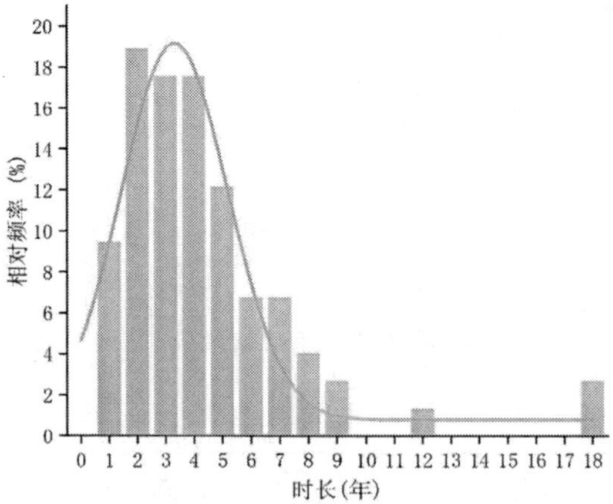

图1-3 审结日期与施工项目完工日期间隔正态分布

① 董淳锷.法律规避下的契约私人治理研究——以建筑工程违法分包现象为切入点[J].法制与社会发展,2011,17(02):134-141.

表 1–3 审结日期与施工项目完结日期间隔时间统计

描述统计						
	N	最小值	最大值	平均值	标准差	方差
间隔时间(年)	75	1	18	4.40	3.179	10.108
有效个案数(成列)	75					

4. 审理法院所在省份分布

在 132 件案件中，按审理案件频数多少排序，省份排前三位的分别是浙江（18）、河南（12）和广东（12）（见图 1–4）。

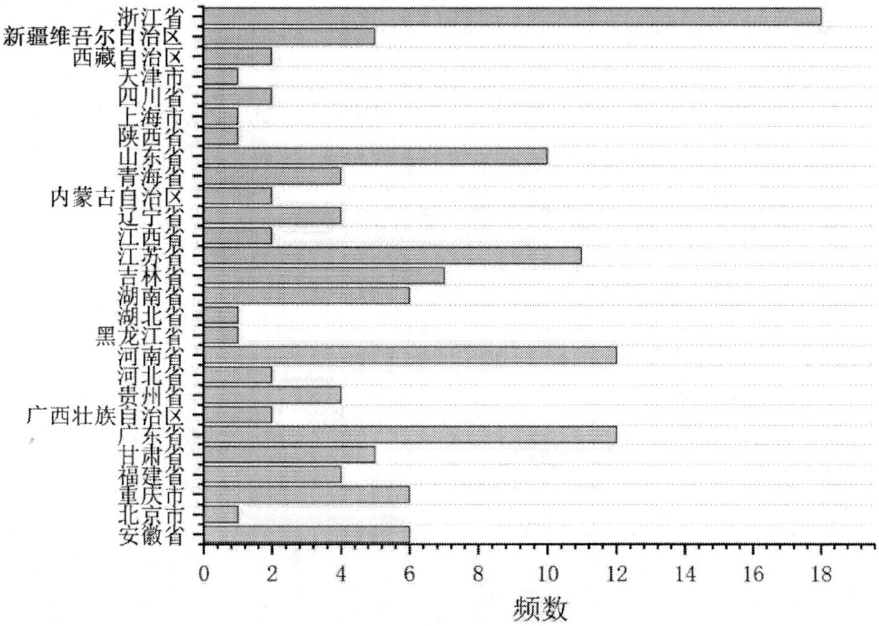

图 1–4 审理法院所在省份分布

由于建设工程合同纠纷的管辖原则一般是在不动产所在地，即工程所在地，因此与各省建筑投资有一定的关系，投资越多，工程纠纷案件相对就越多。

5. 原告的身份情况统计

调查发现，原告以实际施工人为主占比 77.2%，其次是承包人和转包人、发包人群体（见图 1–5）。

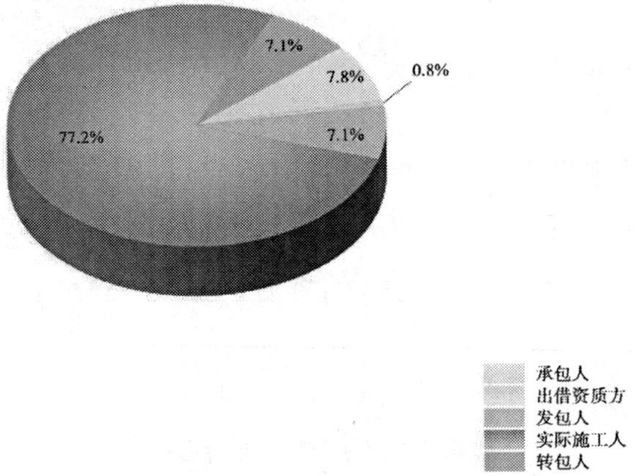

图 1–5　原告身份情况统计

6. 诉讼请求的情况统计

诉讼请求以工程款为主占比 73.5%，既要求工程款又要求支付保证金的占到 6.8%，加在一起达到 80.3%，可见实际施工人的诉讼请求大部分是工程款的。而承包人和发包人要求返还多付工程款占比 6.8%，这说明实际施工人并不完全是弱势（见图 1–6）。

7. 工程款和保证金额度的分布

在 132 件案件中，关于工程款和保证金额度有效案件有 127 件，下图中的诉讼额度是指原告诉讼请求的金额，一般不包括利息和赔偿损失的要求（见表 1–4、表 1–5、图 1–7）。

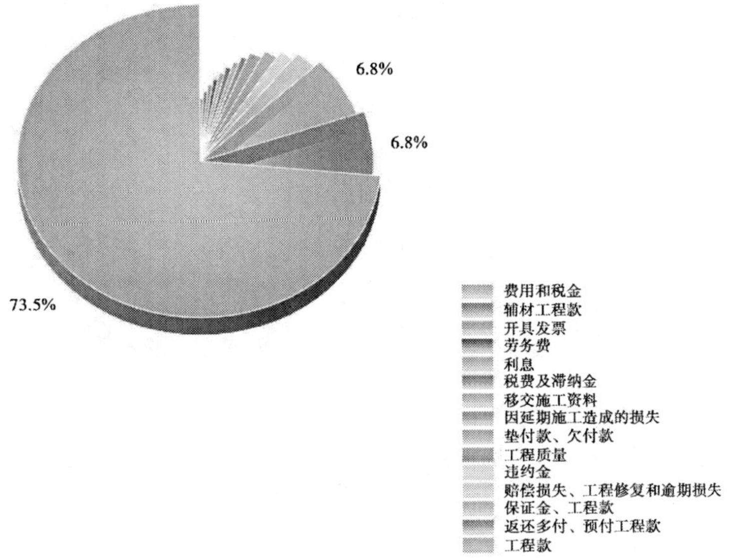

图 1-6　诉讼请求情况统计

表 1-4　工程款和保证金额度描述统计

描述统计						
	N	最小值	最大值	平均值	标准差	方差
诉讼额度（万元）	127	3	3407	285.72	509.537	259627.834
有效个案数（成列）	127					

表 1-5　工程款和保证金额度百分比统计

额度（万元）	频数	百分比（%）
0 ~ 125	73	57.48
125 ~ 250	16	12.60
250 ~ 375	11	8.66
375 ~ 500	7	5.51
500 ~ 625	8	6.30
625 ~ 750	0	0.00
750 ~ 875	3	2.36
875 ~ 1000	0	0.00
1000 以上	9	7.09
总计	127	100

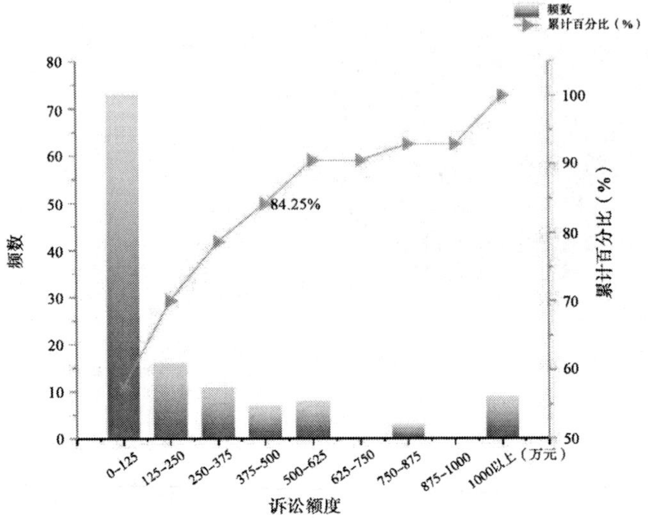

图 1–7　工程款和保证金额度分布

综合分析来看，诉讼额度最小值是 3 万元，最大值是 3407 万元，主要还是以小额（125 万元以下）为主占比 57.48%，500 万元以内 84.25%。实际施工人进行施工的工程额度并不大。

8. 工程款确定的依据

根据民法典第七百九十三条的规定，建设工程施工合同无效，但是建设工程质量合格，是参照合同中的工程价款的约定折价补偿。这个规定和第一百五十七条关于民事法律行为无效的法律后果规定是一致的，因为对于承包人已经把劳动成果物化在建设工程中，合同无效不可能采取返还原物的，只能折价补偿。但是从统计来看，在 92 件工程款案件中，有 44 件，法院在确定工程价款，是以合同条款确定工程款，占比 47.8%；有 23 件，法院在确定工程价款，是根据双方当事人的结算协议确定工程款，占比 25%；有 15 件，法院依据工程造价最终确定工程价款，占比 16.3%；有 7 件，因为当事人在合同中规定以政府审计的结果确定工程款，因而法院在确定工程价款，是依据审计报告确定工程款，占比 7.6%；有 3 件，合同价款有争议，当事人请第三方进行审定，法院予以认可，占比 3.3%。从以上数据，可以发现：建设施工合同无效的工程款的确定主要以合同为主，其次是结算、工程造价鉴定（见图 1–8）。

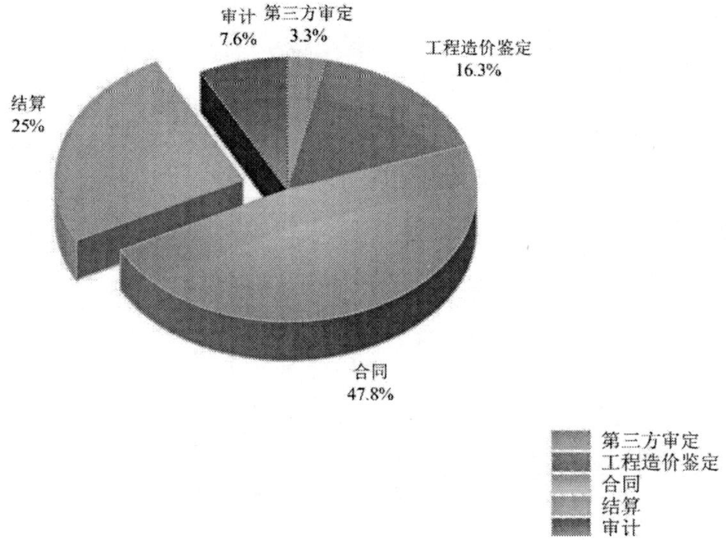

图 1–8　工程款确定的依据

9. 建设施工合同无效的原因

在中级人民法院判决建设工程合同因违反法律、行政法规的强制性规定而无效的 132 件案件中，因资质问题（包括借用资质或者无资质、超越资质）而导致合同无效的有 44 件，占 33.33%；因转包而导致无效的有 17 件，占 12.88%；因违法分包而导致合同无效的有 5 件，占 3.79%；而大量的导致合同无效是前三个原因的违法叠加，即违法行为叠加（这里简称为“多重违法”）。例如，违法分包给没有资质的施工人或者转包给没有资质的施工人、借用资质人进行投标获得工程又交给无资质的实际施工人进行施工等，这种多重违法有 65 件，占比 49.24%。而多重违法中转包 + 资质有 31 件，占比 47.69%。而应招标却没有招标导致合同无效 1 件，占 0.76%。因而后面两章主要分析因资质导致合同无效、因转包和违法分包导致合同无效的情形（见图 1–9、图 1–10）。

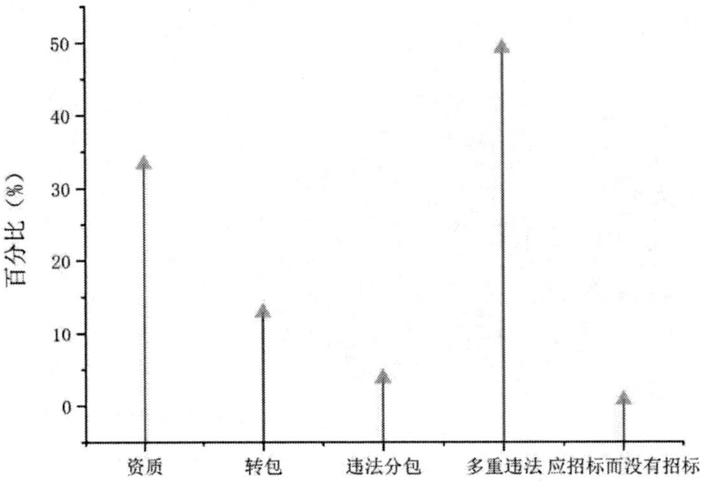

图 1-9　建设施工合同无效的原因

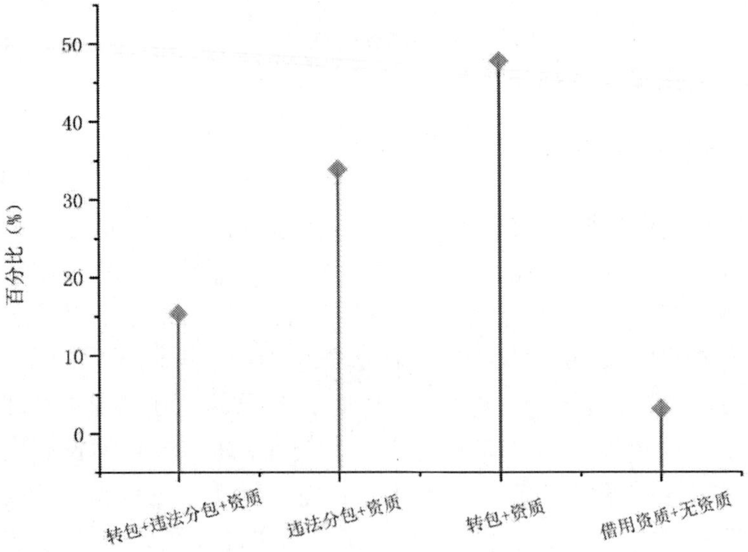

图 1-10　多重违法的构成

10. 合同相对性突破的情况统计

2004年《施工司法解释》第二十六条规定，实际施工人可以向发包人索要工程款，从而导致出现突破合同相对性的问题。

调查显示，在原告诉讼请求中，要求突破相对性，向没有合同关系的当事人主张工程款的案件有58件，法院不支持原告主张有33件案件，占比57%；支持原告主张的有25件，占比43%。在支持突破相对性中，发现实际施工人不仅向发包人要求工程款，而且向总承包人、转包人、承包人、被借用资质人主张工程款，得到法院支持。说明在是否突破合同相对性问题上，法院的观点并没有达成一致意见。在“典型案件1-11”罗永利、杨传国建设工程合同纠纷案（见后文）中，杨传国（借用资质人）以个人名义把一部分工程分包给罗永利，罗永利没有被法院认定为实际施工人，法院认为其无权突破合同相对性向发包人主张工程款，但是法院认为被借用资质人应当承担补充责任。在“典型案例1-12”张高峰、马海林建设工程合同纠纷案（见后文）中，承包人将工程分包给借用资质人，借用资质人又转包给实际施工人，实际施工人与承包人没有合同关系，借用资质人欠付实际施工人工程款，承包人（但是一审法院写成发包人）因为没有支付借用资质人的工程款，法院认为承包人应承担连带责任（见图1-11、图1-12、图1-13）。

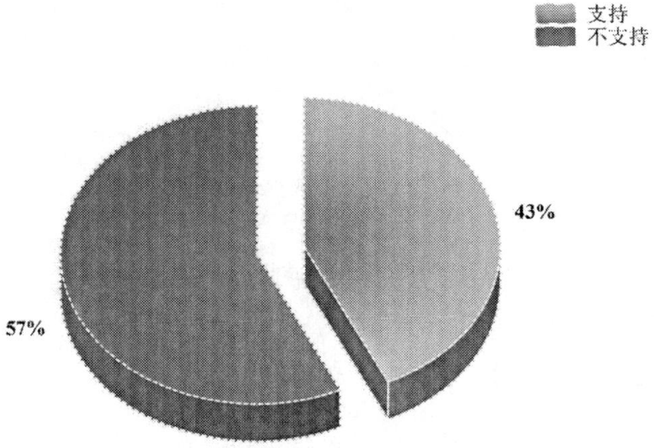

图1-11 突破合同相对性的情况

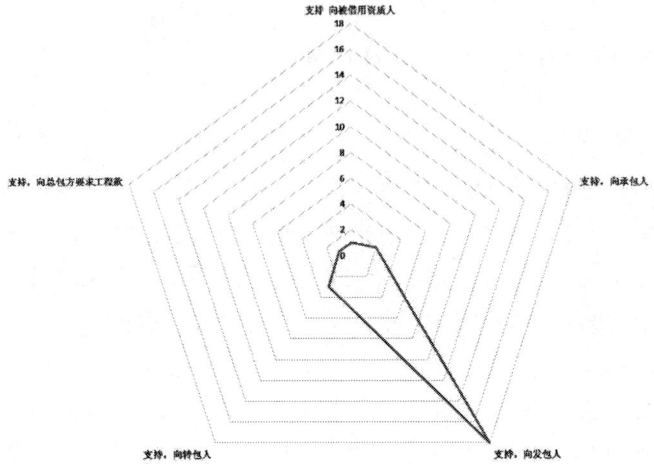

图 1-12　支持突破合同相对性的情况

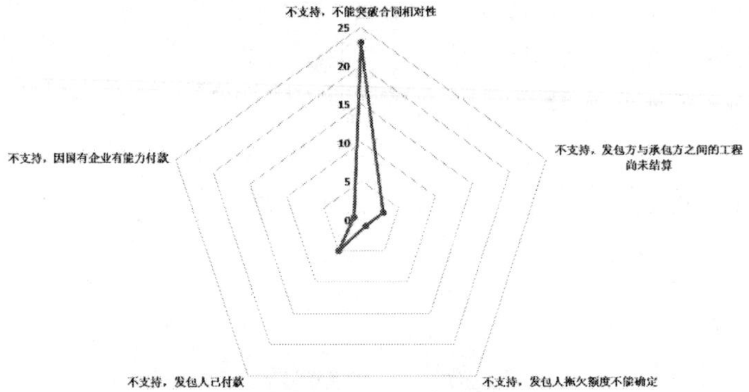

图 1-13　不支持突破合同相对性的情况

11. 管理费支持的情况以及管理费的额度

这里的管理费不是指正常情况下，企业管理工程产生的费用。而是指以下两个方面。

（1）在无资质情形下，因为自身不具备相应的资质或其他行政许可，便以支付一定款项为代价，请求拥有相应资质或其他行政许可的企业以该企业名义同发包人或总承包人签订合同。①

（2）自身没有信息、资源或者资格获得工程的承包权，不得不支付一定的金额，从其他承包人手中获取工程的施工权，从而产生的“管理费”。

在关于管理费的案件中，有效数据 42 件，法院不支持 8 件，支持 34 件。支持占比最大，一共占比 81%，其次不支持占比 19%。在支持 34 件中能接受 5% 以内的额度占比 58.82%，有 20 件案件；接受 5% ~ 10% 的额度占比 26.47%，有 9 件案件；接受 10% 以上的额度占比 14.71%，有 5 件案件（见图 1–14、图 1–15）。

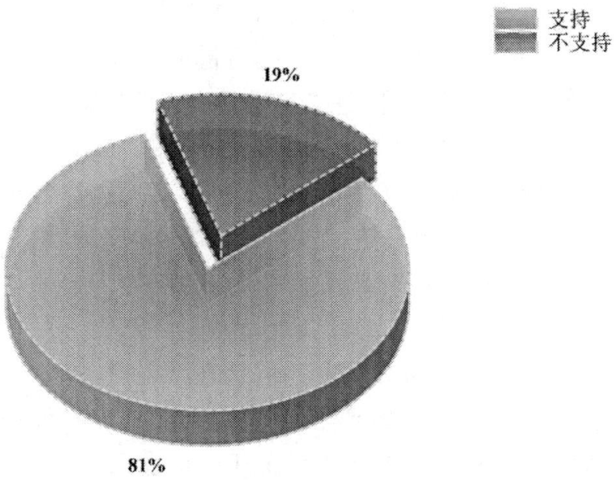

图 1–14　支持和不支持管理费情况

① 叶佳杰．农村务工者权益保护——以民法典《建工合同解释(一)》第 43 条为切入 [J]. 农村经济与科技，2022，33（02）：184-186.

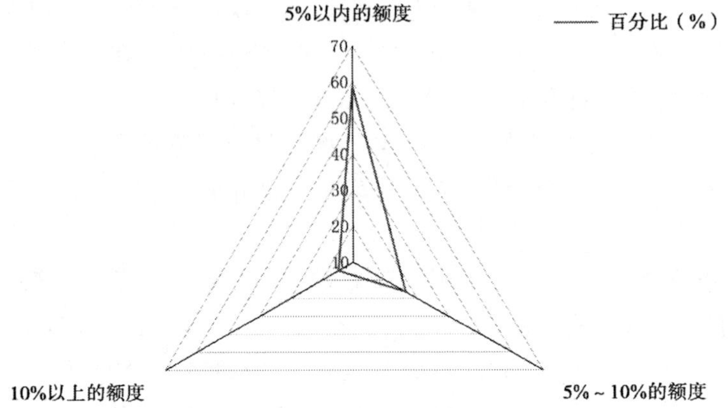

图 1-15　支持管理费的数额

关于管理费，法院认识不同。例如在“典型案例 1-13”李凝、中建七局第二建筑有限公司的建设工程合同纠纷案（见后文）中，一审法院认可 5.2% 的管理费，但是二审法院认为，“双方对于导致合同无效的原因均有过错，从兼顾公平诚信、平衡双方利益的角度出发，参照双方约定的管理费比例，本院酌定中建七局第二建筑公司按 2.6% 比例计取管理费为宜”。“典型案例 1-14”孙素琴、中国建筑一局（集团）有限公司的建设工程合同纠纷案（见后文）中，法院认为合同无效，15% 管理费的约定也无效。但是转包人进行管理，因而管理费对半承担，因而法院支持 7.5% 的管理费。但是在“典型案例 1-15”朱在祥、兴海县发展和改革局的建设工程合同纠纷案中，二审法院认为因为是无效合同，故实际施工人与转包人签订的建设工程承包合同中关于支付管理费的约定，应为无效，判决转包人返还管理费。

徐天柱与谢璐在《建设工程施工合同纠纷案件中司法治理功能的缺失与完善》[①] 一文中认为：“实际施工人在交纳高额管理费后，往往为节省成本偷工减料，对建设工程质量影响极大。收取违法的管理费是最为典型的违法形式。除此之外，有时建筑施工企业还会要求实际施工人下浮工程款总额来获取违法收益。一般而言，建设工程施工合同的工程款数额巨大，违法收益数额也非常大，甚至触目惊心。”通过统计，发现这种观点不能成立。管理费一般在 5% 以内，不能算是很高的

① 徐天柱，谢璐．建设工程施工合同纠纷案件中司法治理功能的缺失与完善 [J]. 关东学刊，2024，(03)：49-57.

管理费。10% 以上的管理费往往还包含税费以及其他费用。在这 42 件案件中，最高的管理费是 30%，参见“典型案例 1–16”李志明、山东泰信岩土工程有限公司的建设工程合同纠纷案，法院认为管理费包含税金，转包人参与施工组织管理协调等工作，因而支持 30% 的管理费，而该工程验收合格。

12. 工程质量情况

在建设施工合同无效的 132 件案件中，与质量相关的案件有 123 件，质量验收合格的有 95 件，占比最大为 77%；推定合格（是指没有经过竣工验收，擅自使用的情况）有 17 件，占比 14%；通过鉴定，认定质量合格的有 2 件，占比 2%；也就是说质量合格有 114 件，占比 93%；质量不合格或有缺陷等有 9 件，占比 7%（见图 1–16）。

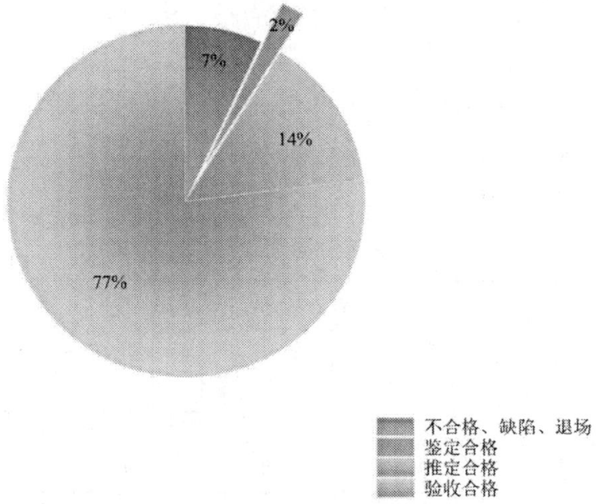

图 1–16 工程质量情况

13. 质量和合同无效的关系

通过上面分析，虽然建设施工合同无效，但是建设工程质量合格是占了绝大多数，因而可以假定合同无效原因和质量是相互独立的，进行费希尔检验。

假设检验的基本步骤如下。

（1）首先是提出原假设，这里指质量与合同无效原因无关系，制作交叉分类数据表（见表1–6）。

表 1–6　质量与合同无效原因交叉分类数据

		合同无效原因				总计
		0	1	2	3	
质量	0	6	2	0	2	10
	1	35	14	5	59	113
总计		41	16	5	61	123

注：质量分为合格（1）、不合格（0）；合同无效原因分为：资质问题（0）、转包（1）、违法分包（2）、多重违法（3）。

（2）选择检验统计量：$x^2=\sum_{i=1}^{r}\sum_{j=1}^{c}\frac{(n_{ij}-n\widehat{p_{ij}})^2}{n\widehat{p_{ij}}}$ 。

（3）给出拒绝域为 $w=\{x^2\geqslant x_{1-a}^2((r-1)(c-1))\}$，可以查表，也可以根据 p 值。

（4）选择显著性水平（α 为 0.05），最后进行判断。

经过卡方检验，接受原假设，认为质量与合同无效原因是没有关系①（见表1–7）。

表 1–7　质量与合同无效原因卡方检验

卡方检验						
	值	自由度	渐进显著性（双侧）	精确显著性（双侧）	精确显著性（单侧）	点概率
皮尔逊卡方	5.096[a]	3	0.165	0.145		
似然比	5.557	3	0.135	0.143		
Fisher–Freeman–Halton 精确检验	4.922			0.151		
线性关联	4.671[b]	1	0.031	0.038	0.021	0.009
有效个案数	123					

注：表中 a 表示 5 个单元格 (62.5%) 的期望计数小于 5。最小期望计数为 0.41。表中 b 表示标准化统计为 2.161

① 茆诗松，程依明，濮晓龙．概率论与数理统计教程［M］.3 版．北京：高等教育出版社，2020.

三、典型案件分析

（一）一审判决合同有效，二审判决合同无效的案件

典型案例 1–1

武汉司某建筑工程有限公司与湖北省鄂南某基础工程有限公司、四川省高某建设工程有限公司等建设工程合同纠纷案①

【案情简介】

环球某旅游（咸宁）有限公司（以下简称环某公司）将咸宁梓山湖·长岛生态文化旅游项目一期（27–6、29–5、31–4 地块）EPC 总承包给四川省高某建设工程有限公司（以下简称高某公司）。高某公司又将该工程项目中“咸宁梓山湖 · 长岛生态文化旅游项目一期会议中心地下室 D–1 ～ D–9*D–A ～ A–M 轴、会议中心 B 区旋挖桩分包相关所有作业等工作内容……以及甲方安排的其他施工任务”承包给湖北省鄂南某基础工程有限公司（以下简称鄂某公司）。2019 年 8 月 1 日，鄂某公司与武汉司某建筑工程有限公司（以下简称司某公司）签订一份劳务分包合同协议书，约定：甲方鄂某公司将梓山湖长岛未来城会议中心桩基工程项目以包工包料的方式分包给乙方司某公司；工程总价款以实际施工及结算为准。工程款支付：甲方按四川高某公司实际支付金额同比例支付给乙方。合同签订后，司某公司组织人员进行施工，按约定期限完成了涉案工程施工任务及工程验收，但双方未进行工程结算。

【一审法院观点】

司某公司与鄂某公司签订的劳务分包合同协议书合同效力。一审法院认为，涉案劳务分包合同协议书，名为劳务合同，实为工程分包合同。该合同系双方当事人真实意思表示，内容未违反相关法律、法规，

---

① 武汉司某建筑工程有限公司与湖北省鄂南某基础工程有限公司、四川省高某建设工程有限公司等建设工程合同纠纷案，案号：（2023）鄂 12 民终 1624 号。

不符合上述建设工程施工合同无效的情形，为有效工程分包合同。

【二审法院观点】

二审法院认为：高某公司作为涉案工程总包单位，将涉案桩基工程分包给鄂某公司施工，鄂某公司又将承包的桩基工程再分包给司某公司，因桩基工程属于地基基础工程，施工人必须具备桩基施工的资质。鄂某公司与司某公司签订的劳务分包合同协议书虽然名为劳务分包合同，实为工程分包合同，因该分包行为违反了法律的禁止性规定，协议无效。一审适用法律存在瑕疵，本院予以纠正，但是该处瑕疵不影响对本案的最终处理。一审判决认定事实清楚，适用法律虽有瑕疵，但判决结果正确，应予维持。

典型案例 1-2

广州昊美电力科技有限公司、陈贤汉等建设工程合同纠纷案[①]

【案情简介】

2019 年 7 月 22 日，广西新电力投资集团富川供电有限公司（以下简称富川供电公司）将富川瑶族自治县 2019 年第一批农村电网改造升级工程朝东镇蚌贝村配电台区及抄表自动化等 51 个 10kV 及以下项目 06 标段，发包给广东公诚设备资产服务有限公司（以下简称公诚公司）施工建设，公诚公司又将其承包的工程再分包给广州昊美电力科技有限公司（以下简称昊美公司）施工，昊美公司与原告陈贤汉签订劳务借工合作协议，将部分工程分包给原告陈贤汉施工，陈贤汉因工程款拖欠，起诉昊美公司给付工程款，富川供电公司、公诚公司在欠付工程价款范围内对上述债务承担连带给付责任。

【一审法院观点】

一审法院认为，被告公诚公司又将工程转包给被告昊美公司，被告昊美公司再将部分工程分包给原告陈贤汉，存在转包和违法分包情形，但是被告昊美公司与原告陈贤汉签订劳务借工合作协议，将部分工程分包给原告陈贤汉施工，该协议是双方的真实意思表示，属有效的建设工程分包合同，并非劳务合同。

【二审法院观点】

二审法院认为，陈贤汉与上诉人昊美公司以签订劳务借工合作协议形式，将涉案工程转包给没有资质的实际施工人陈贤汉施工，该协议

① 广州昊美电力科技有限公司、陈贤汉等建设工程合同纠纷民事二审民事判决书，(2022)桂 11 民终 923 号。

属违法转包合同，因违反法律强制性规定而无效。一审认定劳务借工合作协议有效不当。但是一审认定事实清楚，适用法律部分不当，但实体处理正确，本院予以维持。

典型案例 1-3

广州思柏森科技发展有限公司、闭长欣建设工程合同纠纷案[①]

【案情简介】

2018 年 4 月 12 日，广州思柏森科技发展有限公司（以下简称思柏森公司）作为甲方与闭长欣作为乙方签订劳务班组承包合同，约定甲方将广州思柏森装修工程发包给闭长欣承包施工；2018 年 4 月 23 日，思柏森公司作为发包方（甲方）与闭长欣作为承包方（乙方）签订工程合同书，约定甲方将思柏森健身会所工程发包给乙方。2018 年 7 月 25 日，广东道高律师事务所受思柏森公司委托向闭长欣邮寄律师函，告知：工程合同书是一份恶意串通、损害思柏森利益、显失公平的合同，依法应予撤销。闭长欣将思柏森健身会所工程转包给他人，自 2018 年 7 月 10 日开始至今，以停工相威胁，索要工程款，已经给思柏森公司造成了巨大的损失。因此，要求闭长欣立即通知装修工人离开装修场地及宿舍，停止对装修场地财产的损害；于见函当日与思柏森公司负责人鲁洪峰先生面谈，协商解除装修合同。该函显示由本人签收。2018 年 9 月 30 日，闭长欣提起诉讼。

【一审法院观点】

一审法院认为：闭长欣与思柏森公司签订的劳务班组承包合同及工程合同书是双方当事人的真实意思表示，内容没有违反法律、行政法规的强制性规定，合法有效，双方之间已成立装饰装修合同关系。

【二审法院观点】

一审法院认为：闭长欣作为个人，不具备建筑施工企业施工资质，因此双方签订的劳务班组承包合同及工程合同书违反法律强制性规定，应认定为无效合同。《最高人民法院关于审理建设工程施工合同纠纷案件适用法律问题的解释》第二条规定："建设工程施工合同无效，但建设工程经竣工验收合格，承包人请求参照合同约定支付工程价款的，应予支持。" 虽然涉案合同无效，但是鉴于涉案工程已经完工并投入使用，应视为涉案工程经竣工验收合格，闭长欣有权参照合同约定支

① 广州思柏森科技发展有限公司、闭长欣建设工程合同纠纷民事判决书，案号：（2021）粤 01 民终 4059 号。

付工程价款。综上所述，思柏森公司的上诉请求不能成立，应予驳回；一审判决认定事实清楚，适用法律正确，应予维持。

典型案例 1-4

三冶北方建筑安装总公司、聂钢林建设工程合同纠纷案[①]

【案情简介】

2010 年 8 月 10 日中国三冶集团有限公司设备检修工程公司（以下简称中国三冶工程公司）与三冶北方建筑安装总公司（以下简称三冶北方公司）签订工程分包合同一份，合同主要内容为："工程内容及分包范围：本溪北营钢铁（集团）有限公司干熄焦本体部分，开工日期：2010 年 8 月 25 日，竣工日期为 2011 年 2 月 28 日，合同工期总日历天数：188 天。合同价款：暂估 1651572 元，实际价款以竣工决算为准。"同日聂钢林与三冶北方公司签订委托施工协议一份，协议主要内容为："三冶北方公司将其分包的本溪北营钢铁（集团）一区 125t/h 干熄焦工程委托给聂钢林施工，聂钢林同意承揽该工程的施工任务，并接受三冶北方公司与中国三冶工程公司签订的工程分包合同。工程内容及分包范围：本溪北营钢铁（集团）有限公司干熄焦本体部分，开工日期：2010 年 8 月 25 日，竣工日期为 2011 年 2 月 28 日，合同工期总日历天数：188 天。合同价款：暂估 1651572 元，实际价款以竣工决算为准。"双方签订合同后按合同履行，在施工过程中因三冶北方公司材料供应拖延，造成工期延误。合同中约定的工程款已经结算完毕。现聂钢林以工程延期给聂钢林造成经济损失为由，提起本案诉讼。

【一审法院观点】

一审法院认为：中国三冶工程公司与三冶北方公司签订的工程分包合同及聂钢林与三冶北方公司签订的委托施工协议是双方当事人真实意思的表示，对双方当事人均有约束力。

【二审法院观点】

二审法院认为：根据法律规定，承包建筑工程的单位应当持有依法取得的资质证书，并在其资质等级许可的业务范围内承揽工程，禁止承包人将工程分包给不具备相应资质条件的单位，禁止分包单位将其承包的工程再分包。因此在本案中，聂钢林与三冶北方公司签订的委托施工协议因违反强制性法律规定系无效合同。但是原审判决认定事实

① 三冶北方建筑安装总公司、聂钢林建设工程合同纠纷案，案号：（2021）辽 05 民终 609 号。

清楚，适用法律虽有瑕疵，但裁判结果正确的，应予维持。

典型案例 1–5

王昌伦、段学江等建设工程合同纠纷案①

【案情简介】

案外人贵州辰天达工程有限公司与案外人姚兴强签订土石方工程施工合作协议；2020 年 4 月 27 日，贵州辰天达工程有限公司、姚兴强作为发包方将涉案工程发包给王昌伦、段学江，由姚兴强与王昌伦、段学江签订土石方承包合同；2020 年 4 月 29 日，王昌伦、段学江将涉案工程发包给代昌国，双方签订土石方工程合作协议，协议第六条第 4 项载明：本合同签订后，双方都为本合同的履行进行投入。任何一方以任何理由中止或终止本合同，导致本合同不能履行的，除支付已经履行的合同义务外，须另支付另一方可期待利益损失 1000 万元。如其中一方原因导致不能继续履行本合同的，由违约方承担造成的其他相应损失（含实际损失及司法途径解决的损失，包括但不限于案件受理费和律师费等）。因王昌伦、段学江并未获得涉案遵义市新蒲新区 11 号土石方工程，导致当事人所签订的协议无法履行。代昌国向一审法院起诉请求：判决王昌伦、段学江立即支付代昌国违约金共计人民币 200 万元。

【一审法院观点】

本案的施工内容不是建造房屋及其配套设施安装，而是土石方挖运，王昌伦、段学江与不具有建筑从业资质的个人，即本案代昌国签订的土石方工程合作协议，未损害社会公共利益和第三人利益，所承建的工程较为简易，技术含量低，主要是劳务性的工作，照顾到建筑市场现行的行规和习惯，从宽认定合同效力，便于保护施工方的合法权益。故认定代昌国与王昌伦、段学江签订的土石方工程合作协议合法有效。但是代昌国主张的可期待利益损失不具备确定性和可预见性，故对代昌国要求王昌伦、段学江立即支付违约金200万元的诉求，不予支持。

【二审法院观点】

涉案土石方工程系层层转包，且从上诉人与被上诉人签订土石方工程合作协议来看，工程范围为土方、石方开挖、装、运，与简单的土石方装运工种不同，专业土石方开挖同样需要相应的施工资质。综

---

① 王昌伦、段学江等建设工程合同纠纷案，案号：（2021）黔 03 民终 2261 号。

上，涉案土石方工程合作协议因涉及转包和施工资质问题，该协议违反了法律禁止性规定，故应属无效，一审认定其为有效协议不当，本院应予纠正。被上诉人王昌伦以原告身份提起本案诉讼的主要主张为，要求上诉人承担 200 万元的违约金。对于该诉讼请求，一审法院已经予以驳回，且王昌伦并未提起上诉，视为对一审判决驳回其该诉讼请求的认可。

典型案例 1-6

李新建、杨占峰等建设工程合同纠纷案[①]

【案情简介】

李新建与石小芳系合伙关系。2015 年 10 月 12 日，杨占峰（反诉被告、乙方）与石小芳（反诉原告、甲方）签订内墙批白工程施工合同一份，合同主要约定：工程：长葛市金庄社区东方明珠一期工程 3 #、6 # 楼，承包方式为包工包料，合同约定单价为内墙、顶棚按面积 8 元 / 平方米，内墙乳胶漆按实际发生面积 15 元 / 平方米。在总体工程竣工验收合格后，达到交钥匙条件时，甲方向乙方付至工程的 95%，剩余工程款扣留 5% 作为保修金，保修期为一年，一年后无质量问题按行业规范无息退还等。合同签订后，杨占峰立即带领工人进场施工，2017 年 7 月，原告杨占峰如期完成了施工任务，被告石小芳先后支付原告杨占峰工程款 17 万元。2017 年 10 月，该小区交付使用。2021 年 5 月 11 日，经原告杨占峰与被告李新建结算，共欠原告工程款 150000 元，被告李新建经征求石小芳同意后，向原告出具东方明珠 3 #、6 # 内墙批白结算证明一份，李新建并在结算证明上代石小芳签名摁印。后原告要求被告支付工程款无果，遂诉至一审法院。

【一审法院观点】

一审法院认为，依法成立的合同，受法律保护。本案中，杨占峰与石小芳双方签订的内墙批白工程施工合同系双方当事人的真实意思表示，不违反法律、法规的强制性规定，合法有效，双方均应恪守履行。石小芳主张该合同非真实意思表示证据不足，不予支持。

【二审法院观点】

审理经过：二审法院认为，石小芳与杨占峰签订的内墙批白工程施工合同因杨占峰作为自然人不具有承揽涉案工程的资质，违反法律的

---

① 李新建、杨占峰等建设工程合同纠纷案 案号：（2022）豫 10 民终 2685 号。

强制性规定，故该合同系无效合同，一审法院认定该合同为有效合同适用法律错误，本院予以纠正。虽然涉案施工合同无效，但是涉案工程已经实际使用，杨占峰可以要求参照涉案合同关于工程价款的约定折价补偿工程款。一审判决认定事实清楚，适用法律正确，应予维持。

（二）一审判决合同无效，二审判决合同有效的案件

典型案例 1–7

杭州杭泽建筑安装有限公司与网营物联（汉川）有限公司建设工程合同纠纷案[①]

【案情简介】

网营物联（汉川）有限公司（以下简称网营物联汉川公司）系物联运营中心工程的发包方，将工程发包给湖北全洲扬子江建设工程有限公司（以下简称扬子江公司），扬子江公司系该工程的总承包方。扬子江公司把部分工程分包给杭州杭泽建筑安装有限公司（以下简称杭泽公司）。2021 年 1 月 15 日，杭泽公司与镇江港城安装工程有限公司（以下简称港城公司）签订 ALC 板安装劳务合同，主要约定港城公司将其承包的 ALC 板安装工程分包给杭泽公司。杭泽公司完成该项安装工程后，依据合同约定向港城公司主张劳务费。经另案诉讼，杭泽公司与港城公司达成调解协议，确认港城公司欠杭泽公司劳务费 435914 元。

【一审法院观点】

审理经过：二审上诉人诉称一审法院认为，港城公司将涉案 ALC 板安装工程再分包给杭泽公司，违反法律关于禁止再分包的强制性规定，应属无效。故本涉案及违法分包关系，杭泽公司系涉案 ALC 板安装工程的实际施工人。

杭泽公司主张网营物联汉川公司在欠付工程款本息范围内承担连带支付责任。一审法院认为，杭泽公司与网营物联汉川公司于庭审中均确认涉案物联运营中心整体工程尚未完工且正在施工中，故涉案工程尚未进行工程结算，杭泽公司的该项主张中的关于网营物联汉川公司欠付承包方工程款的部分无事实依据，一审法院不予支持。关于杭泽公司要求网营物联汉川公司支付杭泽公司在另案中负担的诉讼费的

---

① 杭州杭泽建筑安装有限公司与网营物联（汉川）有限公司建设工程合同纠纷案案号：（2023）鄂 09 民终 755 号。

诉请，因无法律依据不予支持。

判决：驳回杭州杭泽建筑安装有限公司的诉讼请求。

【二审法院观点】

二审法院认为，杭泽公司与港城公司签订的ALC板安装劳务合同约定的内容为，港城公司将其承包ALC板安装工程的劳务进行再分包。该约定系当事人真实意思表示，不违反法律法规强制性规定，没有损害国家、集体及他人合法权益，不属于违法分包性质。因此该合同合法有效。依照法律规定，无效合同自始无效，不能作为解除对象。已经发生法律效力的（2022）鄂0984民初202号民事调解书确认，解除杭泽公司与港城公司签订的ALC板安装劳务合同，更加证明ALC板安装劳务合同合法有效。一审法院以“杭泽公司与港城公司签订的ALC板安装劳务合同违反法律规定，属无效合同”认定属适用法律错误，本院予以纠正。一审法院对涉案合同效力认定有误，但是判决结果正确，本院依法纠正后予以维持。判决如下：驳回上诉，维持原判。

【案件评析】

上述7个案件中，一审判决合同有效，二审判决合同无效的案件有6个。一审判决合同无效，二审判决合同有效的案件1个。但是最后的结果，除上面的“典型案例6”，由于被上诉人未提起上诉，视为对一审判决驳回其该诉讼请求的认可，其余6个案件，都是二审法院认为虽然一审法院对合同效力判决错误，但是结果是正确的，都是维持原判。

这种结果不禁引起人们思考？对建筑施工合同无效的制度规定的意义何在？合同是当事人之间约定权利义务的意思表示一致。当承诺生效时，合同成立。依据民法典第五百零二条规定，合同自成立时生效。合同无效实际上是司法机关对合同的一种审查，如果认为合同无效，就不发生当事人在合同中约定权利的实现、义务的履行，而是恢复到合同签订前的状态。民法典第一百五十七条规定合同无效的后果：取得财产的返还财产，不能返还的，折价补偿。造成损害的，过失方进行赔偿。第七百九十三条针对建设工程施工合同无效的处理，也做了相同规定，只不过加上质量要求。建设工程质量验收合格，可以参照合同关于工程价款的规定折价补偿。

但是通过上面实证分析，可以发现：建设工程施工合同无效后，没有一例是参照合同折价补偿的。这是建设工程的特点决定的。“任何一项工程都有特定的用途、功能和规模，且他们所处地区、地段都不相同。因而不同工程的内容和实物形态都具有差异性，这就决定了工程造价的个别性差异”[①]。折价补偿只是适合有相同或相似商品市场充分的情况，工程造价的个别性就造成对每栋建筑物的施工，都各有自己的工程款。从工程款的角度，建设工程施工合同无效做有效合同处理，不得不反思导致建设工程施工合同无效的原因，这些法律法规强制性的规定是否合理。

（三）当事人坚持合同有效，被法院驳回起诉

典型案例 1-8

江苏万事达建设工程有限公司、中建二局安装工程有限公司建设工程合同纠纷案[②]

【案情简介】

2017 年 11 月 28 日发包人中信环境治理（宁波）有限公司（以下简称中信公司）与中标人中建二局安装工程有限公司（以下简称中建二局）签订了施工合同。2018 年 5 月 25 日，中建二局作为甲方将其承包的工程交由乙方江苏万事达建设工程有限公司（以下简称万事达公司）施工，双方为此签订了分包合同。2019 年 8 月 28 日，涉案工程竣工验收合格。浙江明安工程管理有限公司受奉化区政府投资项目评审中心委托对涉案工程竣工结算进行了审核并出具了结算审核报告。2020 年 7 月 1 日，奉化区政府投资项目评审中心在上述结算审核报告中的工程结算审定单上签字、盖章确认。因工程价款问题，万事达公司向法院提起诉讼，起诉请求：（1）判令中建二局向万事达公司支付工程款 2979756.58 元。（2）判令中建二局向万事达公司支付延期支付工程款的利息 138857 元（以 2280768 元为基数，按一年期贷款市场报价利率标准 3.8%，自 2020 年 7 月 1 日计算至 2021 年 8 月 28 日，利息为 101114 元；以 2979756.58 元为基数，按利率标准 3.8%，自 2021 年 8 月 29 日暂计至 12 月 28 日，利息为 37743 元。利息最终应计算至中建二局实际付清之日）。（3）判令中建二局承担本案诉讼费、鉴定费。

---

① 马楠，马永里，张国兴．工程造价管理 [M].2 版．北京：机械工业出版社，2014.

② 参见江苏万事达建设工程有限公司、中建二局安装工程有限公司建设工程合同纠纷二审民事判决书，浙江省宁波市中级人民法院民事判决书（2022）浙 02 民终 5356 号。

【法院观点】

一审法院认为，按照法律规定承包人不得将其承包的全部建设工程转包给其他单位或个人施工，否则所签订的合同违反法律强制性规定，应当认定为无效合同。关于中建二局与万事达公司签订的分包合同效力问题，经该院在庭审中引导双方发表意见，中建二局和万事达公司均主张合法有效、不违反法律强制性规定。该院经审查认为，中建二局和万事达公司签订的分包合同中约定的施工范围，与中建二局和发包人中信公司之间签订的施工合同中约定的承包施工范围和工作内容完全相同，该分包合同在第八条约定："乙方向甲方承诺，履行总包合同中与分包工程有关的甲方的所有义务。"说明中建二局在总包合同中应当履行的承包义务全部由万事达公司履行，并且该分包合同的附件一综合单价清单中包含有钢筋、水泥、混凝土、砂石、管材、电缆等主材和挖掘机等主要机械设备的单价，附件三甲供材料、设备一览表中也没有中建二局提供的材料和设备，上述证据能够与万事达公司当庭陈述涉案工程由其全部施工相互印证，故该院认为中建二局和万事达公司签订的分包合同虽然名称为劳务分包合同，但是该分包合同实际上是中建二局将其承包的工程全部转包给万事达公司所签订的转包合同，违反法律强制性规定，应当认定为无效合同。中建二局所提出的涉案工程主材由其提供以及涉案工程仅仅是劳务分包给万事达公司的辩解意见，明显与事实不符，该院不予采纳。鉴于万事达公司在本案中的诉讼请求是基于双方签订的分包合同有效而提出，但该院认为双方当事人签订的分包合同无效，那么万事达公司按照合同有效提出诉讼请求的请求权基础不存在。虽经释明，但万事达公司坚持基于合同有效提出诉讼请求且不变更，故万事达公司在本案中提出的诉讼请求，缺乏事实和法律依据，该院不予支持。万事达公司可基于双方签订的合同无效另案提出诉讼请求。另外，双方当事人对涉案工程价款也存在争议，虽经释明可以申请鉴定，但双方当事人均表示不申请鉴定工程价款。经该院多次沟通调解，中建二局提出了分两期支付工程款、不支付利息损失的调解方案，但万事达公司不同意该调解方案，最终调解不成。

据此，一审法院依照《中华人民共和国合同法》第五十二条第五项、第二百七十二条第二款，《最高人民法院关于适用〈中华人民共和国民法典〉时间效力的若干规定》第一条第二款、《最高人民法院关于审理建设工程施工合同纠纷案件适用法律问题的解释》(法释〔2004〕14号)第四条的规定，作出如下判决：驳回江苏万事达建设工程有限公司的诉讼请求。

二审法院认为，自中信公司中标涉案奉化区江口街道“1 + 2”水环境整治示范工程—非生态工程Ⅱ标段后，双方为此签订了施工合同。该合同第27条第1款明确约定，该工程不允许分包或转包。在实际履约过程中，中建二局在未经中信公司同意的情况下擅自将涉案工程交由万事达公司施工。上述行为违反了法律的强制性规定，因此，万事达公司与中建二局之间签订的分包合同应属无效。在一审审理期间，经释明，万事达公司坚持主张该合同有效，并未予变更相应的诉讼请求，故一审法院判令驳回其提出的相关诉讼请求，于法有据，并无不当。至于涉案合同价款的确定以及司法鉴定等相关事宜，均以合同效力的认定为前提，在万事达公司不同意变更相关诉请的前提下，其可另行提出相应的主张。

综上所述，上诉人万事达公司的上诉请求不能成立，应予驳回。一审判决认定事实清楚，适用法律正确，应予维持。

【案件评析】

当事人在上诉时，提出“即使合同无效，万事达公司重新提出的诉请仍和原有的诉讼请求一致”,“即使涉案分包合同无效，在涉案工程已经竣工验收合格的情况下，万事达公司仍有权依据合同约定主张工程款以及利息”。但是二审法院仍然认为合同价款的确定以合同效力的认定为前提，最后驳回起诉。在前面对工程款的确定依据时，可以发现将近一半的工程款是依据合同确认的。本案法院却认为不认定建设施工合同无效，就不能认定工程款，实际上在逻辑上是自相矛盾。

(四)突破相对性问题

典型案件1-9

罗海建与新疆疆域房地产开发有限公司、新疆冠农天府房地产开发有限公司等建设工程合同纠纷案[①]

① 参见罗海建与新疆疆域房地产开发有限公司、新疆冠农天府房地产开发有限公司等建设工程合同纠纷二审判决书，新疆生产建设兵团第二师中级人民法院(2023)兵02民终24号。

【案情简介】

2014 年 5 月 5 日，新疆冠农天府房地产开发有限公司（以下简称冠农公司）与新疆疆域房地产开发有限公司（以下简称疆域公司）签订房地产合作开发协议书，双方约定合作开发冠农花园城邦小区三期项目。2016 年，疆域公司将冠农·汇景台项目 18#、19# 楼工程发包给李少华，李少华将 18#、19# 某楼防水工程转包给罗海建，由罗海建建设完成 18#、19# 楼防水工程。2018 年 8 月 8 日，疆域公司出具承诺，载明："我公司保证在两个月时间内由李少华、罗海建前来配合为郑玉兰办理冠农·汇景台住房房号为 4–1–2801 的网签合同手续，相关备案手续由李少华、罗海建、李洪明负责配合我公司后续办理。"疆域公司法定代表人汤仲明签字确认。2021 年 6 月 23 日，冠农公司向罗海建出具证明，载明："兹有罗海建购买冠农汇景台住宅一套（4–1–2801），房款全部付清，入住手续已经办理完毕，目前 4# 楼正在办理不动产证。"冠农公司在证明上盖章确认。另查明，罗海建向李少华出具承诺书，载明余下工程款以 18#、19# 楼交工结算为准再支付。

【一审法院观点】

一审法院认为，李少华将其承包的冠农·汇景台 18#、19# 楼防水工程分包给罗海建的建设工程分包合同成立，罗海建向李少华出具承诺书写明余下工程款以 18#、19# 楼交工结算为准再支付，罗海建认可本案涉案工程至今未竣工验收，其与李少华之间也未进行工程量和工程价款结算，故其要求支付工程款的时间尚未成就，对于罗海建的诉讼请求一审法院不予支持，故驳回罗海建诉讼请求。

【二审法院观点】

罗海建作为自然人，无建筑施工企业资质，李少华与罗海建之间的合同违反法律禁止性规定而无效，但罗海建在该合同中的合同相对人为李少华，现罗海建要求支付工程款，基于合同相对性，应向其合同相对方李少华主张合同权利。对于罗海建主张自己是实际施工人的身份，可以突破合同相对性向发包方主张工程款的问题，因冠农公司、疆域公司至今没有与李少华进行结算，是否拖欠李少华工程款不清，故罗海建请求冠农公司及疆域公司承担清偿责任的主张缺乏依据，本院不予支持。对罗海建的相关权利可待冠农公司、疆域公司与李少华结算后，如果冠农公司、疆域公司尚欠李少华工程款，而李少华又未履行本案义务，罗海建可依法申请法院执行李少华对冠农公司、疆域公司的债权。

典型案件 1-10

罗永利、杨传国等建设工程合同纠纷案[①]

【案情简介】

一审法院查明，发包方西宁九欣房地产开发有限公司（以下简称西宁九欣公司）就瑞景河畔家园二期工程一标段，于2014年6月13日公开招标。

安徽省滁州市建筑安装工程有限公司（以下简称安徽滁州建筑公司）以205236352.4元的价格中标。2014年7月17日，西宁九欣公司与安徽滁州建筑公司签订协议书，约定开工日期为2014年6月8日，竣工日期为2015年12月30日，项目资金由安徽滁州建筑公司自筹。2014年7月8日，安徽滁州建筑公司就涉案工程购买建筑工程团体意外伤害保险。2015年1月29日，杨传国借用安徽滁州建筑公司的资质就涉案项目组织施工，并向该公司抵扣管理费、合同印花税等101050元。后杨传国称挂靠安徽滁州建筑公司资质组织施工并以个人名义与罗永利达成口头协议，将涉案工程一标段46号楼的抹灰、地坪等项目劳务分包给罗永利施工。双方约定搅拌机、胶水等辅材由罗永利提供，具体费用包含在单价中。涉案抹灰工程已经竣工交付使用，因双方对施工完成的工程量以及劳务费计算方式发生争议，遂起诉至法院。

【法院观点】

一审法院认为，依据杨传国自认的事实及其向安徽滁州建筑公司缴纳管理费并就安徽滁州建筑公司中标施工项目组织人员施工、支付农民工劳务工资等行为，认定杨传国与安徽滁州建筑公司存在违法挂靠关系。在施工期间，杨传国以个人名义将安徽滁州建筑公司中标施工的瑞景河畔家园二期工程一标段中的32号楼（原46号楼）抹灰工程劳务，以口头协议的形式分包给罗永利施工，并以个人名义与罗永利结算并支付劳务费，协议履行主体应为罗永利与杨传国。罗永利系无劳务施工资质的自然人，双方就瑞景河畔家园二期工程一标段工程中的32号楼抹灰工程达成的劳务分包协议违反法律强制性规定，协议无效。涉案工程已经竣工并交付使用，付款条件已成就，依据合同相对性原则，罗永利主张杨传国支付劳务费，符合法律规定，法院予以支持。

---

① 罗永利、杨传国等建设工程合同纠纷民事二审民事判决书，青海省西宁市中级人民法院民事判决书（2023）青01民终1998号。

安徽滁州建筑公司基于挂靠关系将其中标施工的涉案工程交由无施工资质的自然人杨传国施工，违反强制性法律规定，双方均有过错。原则上罗永利主张劳务工资不应当突破合同相对性，因建设工程挂靠的违法性涉及复杂的法律关系，简单适用合同相对性原则并不能准确、公平地解决相应民事责任承担问题。基于涉案工程中标单位系安徽滁州建筑公司，施工期间杨传国以个人名义与罗永利达成口头劳务分包协议并向罗永利支付劳务费，应当认定罗永利明知杨传国与安徽滁州建筑公司存在违法挂靠关系而与杨传国签订协议，依据公平原则和权利义务对等原则，就涉案劳务费的支付，安徽滁州建筑公司应承担补充责任。安徽滁州建筑公司青海分公司系安徽滁州建筑公司的分支机构，不具备法人资格，其民事责任由公司承担。罗永利系瑞景河畔 32 号楼（原 46 号楼）抹灰工程的施工班组负责人并非涉案工程的实际施工人，依据合同相对性原则，其应当向杨传国主张相应的劳务工资。无权突破合同相对性主张涉案工程的发包方西宁九欣公司向其连带承担劳务工资支付义务，故对罗永利针对西宁九欣公司的诉讼请求不予支持。

二审法院认为，杨传国与安徽滁州建筑公司之间属于违法挂靠关系，其将劳务分包给罗永利，而罗永利系无劳务施工资质的自然人，杨传国与罗永利就瑞景河畔家园二期工程一标段工程中的 32 号楼抹灰工程达成的劳务分包协议违反法律强制性规定，应属无效。杨传国、罗永利均不能基于合同无效而获取超出合同有效时的应得利益。关于劳务费的构成，罗永利与杨传国之间未签订书面协议，双方仅在瑞景河畔 46# 楼抹灰班组农民工工资拖欠问题协议书中第 4 条约定，“关于双方结算争议，待本次工资发放完毕后，由甲乙双方自行协商或通过司法途径解决”。涉案工程由罗永利组织的工人施工，杨传国对于罗永利投入机械、人工进行施工的事实无异议。根据一审、二审查明的事实，罗永利在施工现场派驻了管理人员，实施了管理、监督、检查等管理职责，相关管理活动已物化在建设工程中，杨传国应折价补偿。故原审法院参照支付施工组织措施费、利润、管理费，并不明显无当，本院予以维持。对于税金问题，作为工程造价的组成部分之一，税金是国家税务机关依法向特定纳税主体征收的费用。根据我国税法的规定，工程承包人为工程相关税项的纳税义务人。本案中，罗永利并非合法的纳税主体，无法以自身名义缴纳税金，该部分工程款的纳税主体是承包人，且罗永利也并非以承包人的名义向税务部门支付过税金，该部分工程不应计取税金，对于杨传国所持应将税金 41488.35 元从劳务费中予以扣除的上诉主张，本院予以支持。

关于规费的问题。建筑安装工程中规费是指按国家法律、法规规定，由省级政府和省级有关权力部门规定必须缴纳或计取的费用，包括社会保险费、住房公积金等费用。规费为工程造价的一部分，基于承包人实际缴纳社会保险费等规费的情况依法依规由建设单位或发包人负担。就实际施工人而言，应仅限于实际施工人已实际缴纳的社会保险费等规费，而不包括造价鉴定核算中实际施工人未实际缴纳的规费。

本案中，尽管创鑫工程咨询股份有限公司出具的工程造价鉴定意见书中将核算的 172134.85 元规费计入工程造价中，但罗永利并非涉案工程的实际施工人，其也未提供其实际缴纳规费的凭据，其主张造价鉴定核算的 172134.85 元规费归其所有，不应当从劳务费中扣除的上诉请求，无事实和法律依据，不能成立，应予驳回。综上，杨传国应当向罗永利支付的劳务费中包括：直接费 917603.86 元，施工组织措施费 38518.1 元，管理费 38518.1 元，利润 42797.89 元，合计 1037437.95 元。核减杨传国已付劳务工资 929000 元，尚欠付罗永利 108437.95 元（1037437.95 元 −929000 元 =108437.95 元）。

关于鉴定费的承担问题，本院认为，在建设工程施工合同引发的纠纷中，对工程鉴定费用的预先缴纳不能作为最终负担结果的依据。鉴定费作为诉讼费用之一，由诉讼请求未得到支持的当事人承担诉讼费用，可以促使当事人从成本与收益的角度考虑其民事行为及诉讼行为是否恰当，防止当事人滥用诉权，符合诉讼效率和经济原则。故一审法院按照胜败比例判决杨传国、罗永利分别负担部分鉴定费，并无不当。本案中，一审法院判决安徽滁州建筑公司对涉案劳务工资的支付向罗永利承担补充责任，安徽滁州建筑公司对此未提起上诉，且在二审答辩中对其承担责任未提出异议，本院依法予以维持。

综上，上诉人罗永利的上诉请求不能成立，应予驳回；上诉人杨传国上诉请求部分成立，应予支持。维持西宁市城北区人民法院（2020）青 0105 民初 3323 号民事判决第三项，即“驳回罗永利的其他诉讼请求”；撤销西宁市城北区人民法院（2020）青 0105 民初 3323 号民事判决第一项、第二项，即“一、杨传国于判决生效之日起向罗永利支付劳动工资 149926.3 元；二、安徽省滁州市建筑安装工程有限公司对劳务工资 149926.3 元的支付向罗永利承担补充责任”；杨传国于判决生效之日起向罗永利支付劳动工资108437.95元；安徽省滁州市建筑安装工程有限公司对劳务工资108437.95元的支付向罗永利承担补充责任。

典型案例1-11

张高峰、马海林建设工程合同纠纷案[①]

【案情简介】

2019年10月30日，河南久长建筑劳务有限公司（以下简称久长公司）与洛阳义英新能源有限公司签订宜阳义英新能源分散式风电工程施工协议一份。2019年11月12日，马海林借用郑州市广阔建设劳务有限公司资质，以该公司名义与久长公司就上述施工协议内的工程签订宜阳义英新能源分散式风电工程施工协议，久长公司将上述工程中的部分工程转包给马海林。同日，马海林以郑州市广阔建设劳务有限公司名义与张高峰签订宜阳义英新能源分散式风电工程施工合作协议。2019年11月23日，张高峰向马海林交纳了50000元的履约金，并组织人员进场施工。2019年12月8日，因发包方原因导致工程停工。

【法院观点】

一审法院认为，张高峰无建设工程施工资质与马海林借用郑州市广阔建设劳务有限公司资质签订的宜阳义英新能源分散式风电工程施工合作协议，违反法律规定，属无效合同。张高峰作为实际施工人员履行涉案工程部分施工义务，马海林理应承担支付相应工程款的责任，且其收取张高峰的工程押金50000元，应予退还。由于发包方原因导致工程停工，马海林亦应赔偿因此造成张高峰的误工等损失。久长公司作为发包方且尚未支付马海林工程款项，故其应对上述所欠工程款及损失承担连带还款责任。因河南省久长建筑劳务有限公司变更名称为河南久长建筑劳务有限公司，依据法律相关规定，除当事人有特别约定外，变更名称后的公司对变更前的公司债权、债务应予以承继，故张高峰要求久长公司承担连带清偿责任的理由正当，符合法律规定，应予支持。

二审法院认为，张高峰作为个人与马海林借用郑州市广阔建设劳务有限公司资质签订的宜阳义英新能源分散式风电工程施工合作协议

① 张高峰、马海林建设工程合同纠纷二审民事判决书，河南省洛阳市中级人民法院民事判决书（2021）豫03民终746号。

违反法律强制性规定，系无效合同。张高峰完成部分工程，后因发包方原因停工，因此，马海林应当支付相应的工程款。本案争议的问题为马海林应付工程款及赔偿损失的数额。张高峰于2020年6月11日向马海林出具宜阳义英风力发电工程报款单，张高峰与马海林2020年7月13日签署宜阳义英风力发电工程结算协议，对比上述两份清单，2020年7月13日的结算协议比2020年6月11日的报款单多出第4项钢筋105000元、第5项工程材料及用具55000元、第6项工程押金50000元、第7项如正常履约，可得利润77万元。二审庭审中，马海林同意张高峰将第4项、第5项物品搬离，因此，该损失不应赔偿。第7项为预期利益损失，因双方合同无效，该预期利益不应赔偿。第6项工程押金一审法院已判决返还，本院予以确认。因此，张高峰上诉请求按2020年7月13日签署的结算协议支付款项的理由不能成立，本院不予支持。裁判驳回上诉，维持原判。

（五）管理费

典型案例1-12

李凝、中建七局第二建筑有限公司等建设工程合同纠纷案①

【案情简介】

2011年5月30日，荣成市和晟置业有限公司作为发包人，中建七局第二建筑有限公司（以下简称中建七局二建公司）作为承包人签订建设工程施工合同，中建七局二建公司承包位于荣成市成山大道南的荣成博隆城市广场工程。2012年3月10日，中建七局二建公司指示其分公司中建七局第二建筑有限公司威海分公司（以下简称中建七局二建威海公司）作为甲方，李凝作为乙方，签订风险承包施工补充协议书，约定李凝承包荣成博隆金湾城市广场工程，履行甲方与该工程建设方所签订的建设工程施工合同内容，该工程施工图所含全部施工内容。约定本工程由乙方风险承包管理。甲方按照本工程最终结算造价的5.2%（不含税金、规费等）享有工程利润；除此之外本工程产生的其他一切利润分配给乙方，作为甲方对乙方的奖励。2017年1月17日，李凝作为中建七局二建公司的代理人与荣成市和晟置业有限公司签署

① 李凝、中建七局第二建筑有限公司等建设工程合同纠纷民事二审民事判决书，山东省威海市中级人民法院（2022）鲁10民终2636号。

工程结算审核定案报告书，审定工程总造价为134420413.64元，扣除施工单位审计费（1061916.13元）及甲供材（504608.77元）后造价为132853888.74元，税金审定值为4520516.42元。2020年11月19日，中建七局二建公司以索要工程款为由起诉荣成市和晟置业有限公司、荣成市博隆家居装饰汇展有限公司。威海市中级人民法院于2021年2月8日作出(2020)鲁10民初240号调解书，各方自愿达成如下协议：（1）就中建七局第二建筑有限公司诉求的工程款本金、违约金、总包配合费、电费等，各方同意以荣成市和晟置业有限公司向中建七局第二建筑有限公司支付1300万元进行了结；（2）荣成市和晟置业有限公司应于2021年2月10日前支付300万元；于2021年2月28日前支付100万元；2021年5月10日前支付300万元；2021年8月10日前支付300万元；2021年10月10日前支付300万元；（3）若荣成市和晟置业有限公司有任何一笔逾期付款（遇节假日顺延），荣成市和晟置业有限公司应加付100万元违约金，中建七局第二建筑有限公司可申请法院强制执行，荣成市和晟置业有限公司应加倍支付迟延履行期间的债务利息；（4）荣成市博隆家居装饰汇展有限公司就荣成市和晟置业有限公司对中建七局第二建筑有限公司上述第一条、第二条、第三条债务的履行承担连带责任。

2021年，荣成市和晟置业有限公司、荣成市博隆家居装饰汇展有限公司作为债务人，中建七局二建公司作为转让方，李凝作为受让方签订债权转让协议，约定转让方与债务人达成（2020）鲁10民初240号民事调解书，依据该调解书，截至本协议签订之日，转让方对债务人享有债权金额为人民币900万元，以及转让方要求债务人加付100万元违约金和加倍支付迟延履行利息的权利（到期付款日为2021年5月10日）。转让方将该标的债权转让给受让方，用于抵偿对受让方基于荣成市博隆城市广场内部承包合同产生的债务。若双方就项下工程款等进行结算，结算后的金额大于本协议下转让的债权金额的，抵偿后不足部分转让方仍应向受让方履行支付义务。

【一审法院观点】

一审法院认为，本案中李凝与中建七局二建公司、中建七局二建威海公司均认可双方是内部承包合同关系，李凝与其之间确实签订有劳动合同，但是从以下几个角度分析，本案又与内部承包合同有显著区别。（一）李凝陈述中建七局二建公司、中建七局二建威海公司是按照挂靠转包方式进行管理，相关的人事关系因承接项目需要才转入被告单位，工资与保险均从项目部出。中建七局二建公司、中建七局二建威海公司否认李凝陈述内容，但是作为施工企业其未能提供充足证据证明其为公司职工李凝发放工资的情况。（二）内部承包合同中，由施工企业负责涉诉工地的财产投入及财务管理。而双方当事人签订的风险承包施工补充协议书，约定李凝自筹资金组织施工，并不因此影响该工程的工期、质量和合理的安全设施等投入。（三）内部承包合同中，项目的主体利益归于施工企业，主要风险亦由施工企业负担，内部承包人享有的利益是根据绩效指标确定或内部协议约定的利润提成。而双方当事人签订的风险承包施工补充协议书，约定中建七局二建公司、中建七局二建威海公司享有的利润分配，不受项目效益与风险的影响（即不受项目亏损影响）。中建七局二建公司、中建七局二建威海公司提交的综合往来中列项含“应收管理费 5.2%”，即合同名义为“利润”，双方当事人均认可其实质为“管理费”。上述关于利益及风险负担的约定，表明就涉案项目李凝与中建七局二建公司、中建七局二建威海公司之间存在高度的独立性。综上，双方当事人之间的种种关系与内部承包合同中职工与公司之间的紧密关系明显不同，隶属性只是表象特征，双方关系本质上存在高度的独立性。故一审法院认为李凝与中建七局二建公司、中建七局二建威海公司之间的法律关系，名为内部承包关系，实为挂靠关系。风险承包施工补充协议书因违反法律规定，为无效合同。

双方当事人对第三方机构审定的工程造价均无异议，扣除施工单位审计费及甲供材后造价为 132853888.74 元，应作为双方结算的依据。李凝自认应扣除税金的数额是 4061308.82 元，但双方无异议的鉴定意见审定税金值为 4520516.42 元，故应按鉴定意见扣除税金。李凝向中建七局二建公司安装分公司所主张的款项，因与本案法律主体不一，另案处理。关于本案是否应该扣除管理费，虽然双方当事人之间签订的风险承包施工补充协议书无效，但中建七局二建公司实际派驻人员，参与管理涉案项目，协助办理相关手续，收取管理费有一定的根据，故对中建七局二建公司要求扣减管理费，予以准许。管理费扣减数额，双方存在争议，李凝自认按照 132853888.74 元 × 5.2% 扣除管理费 6908402.21 元，未减损中建七局二建公司利益，予以照准。综上，应支付工程款数额为 132853888.74 元 −4520516.42 元 −6908402.21 元 =

121424970.11 元。

关于违约金，因双方签订的风险承包施工补充协议书为无效合同，李凝主张的违约金于法无据，不予支持。关于利息，李凝主张自起诉之日起计算利息，于法有据，但主张的利息标准无法律依据，利息应自起诉之日起按照全国银行间同业拆借中心公布的贷款市场报价利率计算至实际付清之日止。李凝要求中建七局二建公司、中建七局二建威海公司负担保全担保费，无法律依据，不予支持。

【二审法院观点】

二审法院认为，关于本案双方当事人之间的法律关系，正如一审判决所述，虽然双方系以内部承包的名义签订风险承包施工补充协议书，但实质上系挂靠关系。而建设工程中挂靠施工违反法律强制性规定，故双方签订的风险施工补充协议书应为无效。李凝本案相关主张应在此基础上并参照双方合同约定依法予以认定。

关于管理费的认定问题。基于双方当事人的挂靠关系及合同约定情况，双方约定的管理费实质上系李凝作为挂靠人借用资质所支付的对价。双方合同无效，中建七局二建公司作为被挂靠人，要求按照双方协议约定的比例即 5.2% 收取管理费，缺乏依据。双方对于导致合同无效的原因均有过错，从兼顾公平诚信、平衡双方利益的角度出发，参照双方约定的管理费比例，本院酌定中建七局二建公司按 2.6% 比例计取管理费为宜。一审对此认定不当，本院予以纠正，即本案应扣除管理费数额为 3454201.11 元（132853888.74 元 ×2.6%）。

典型案例 1–13

孙素琴、中国建筑一局（集团）有限公司等建设工程合同纠纷案[①]

【案情简介】

2013 年经招投标，江苏北固产业投资有限公司（以下简称北固投资公司）与中国建筑一局（集团）有限公司（以下简称中建一局）签订了建设工程施工合同一份，约定北固投资公司将汝山路、焦顶山路道路工程发包给中建一局施工，2013 年 3 月 14 日，中建一局与新兴公司签订了一份建设工程施工分包合同，约定中建一局将汝山路、焦顶山路道路工程发包给新兴公司施工，同年 3 月 15 日，双方又签订了

① 孙素琴、中国建筑一局（集团）有限公司等建设工程合同纠纷民事二审民事判决书，江苏省镇江市中级人民法院民事判决书（2021）苏 11 民终 4032 号。

一份汝山路、焦顶山路道路工程施工分包合同补充协议，约定中建一局按总包合同结算价收取15%管理费，2013年3月14日，孙素琴与新兴公司签订了项目工程施工管理及内部风险承包责任书一份，约定中建一局发包给新兴公司的汝山路、焦顶山路道路工程实行内部承包制，由员工孙素琴担任承包人，根据每次预收工程款（进度款）的实际金额，按照比例上缴企业所得税、个税、建筑业增值税（9%）。涉案工程于2017年12月20日竣工，2018年11月28日通过验收。针对中建一局与新兴公司建设工程施工分包合同中关于中建一局收取15%管理费及税金的约定，孙素琴认为分包合同无效，收取管理费的约定也应当无效，中建一局对工程的管理也不到位，工程款总价审计过程中，孙素琴作了较大让步，其损失很大，故约定的管理费应归孙素琴享有；中建一局的税金可以通过发票抵扣，不应有损失。中建一局认为分包合同有效，中建一局也履行了工程管理职责，应按约定扣除管理费及税金。

【法院观点】

一审法院认为，北固投资公司与中建一局之间的建设工程施工合同并不违反法律、法规的强制性规定，合法有效。中建一局将其承包的涉案工程全部分包给新兴公司，自己收取管理费，违反了法律、法规的强制性规定，故中建一局与新兴公司之间的建设工程施工分包合同属无效合同。孙素琴非新兴公司的员工，且不具备建筑业企业资质，新兴公司将其承包的涉案工程以内部承包的方式全部交由孙素琴施工，实质上孙素琴借用新兴公司的名义承揽工程，违反了法律、法规的强制性规定，故新兴公司与孙素琴之间的项目工程施工管理及内部风险承包责任书也属无效合同。虽然中建一局与新兴公司之间的分包合同及新兴公司与孙素琴之间的内部承包合同无效，但涉案工程已经验收合格，并交付使用，孙素琴作为实际施工人可以根据合同约定的工程价款要求违法分包人给付工程款，发包人未付工程款的，实际施工人可以要求发包人在欠付的工程款范围内承担责任。因孙素琴实质上是借用新兴公司的资质施工，新兴公司也向中建一局发函同意由孙素琴与中建一局直接结算工程款，故可以不追加新兴公司作为第三人参与诉讼。造价咨询公司对涉案工程造价咨询意见为5689.48515万元，一审法院予以认定。孙素琴自愿减免10.48515万元，同意以5679万元结算，一审法院予以准许。孙素琴自愿放弃主张北固投资公司欠付工程款的利息损失，一审法院予以准许。中建一局收到北固投资公司工程款后，没有及时给付新兴公司及孙素琴，孙素琴要求中建一局赔偿延期支付工程款的银行利息损失的诉讼请求，一审法院予以支持。因中建一局与新兴公司之间的分包合同无效，中建一局向新兴公司收取 15% 的管理费的约定亦无效，由于中建一局参与了涉案工程的管理，结合本案实际情况，一审法院酌情确定双方约定的管理费由孙素琴与中建一局各半享有。关于北固投资公司、中建一局提出的开具发票事宜及孙素琴应当承担中建一局多缴的税金事宜，双方可依据相关规定处理，如有争议可另行诉讼。

二审法院认为，本案中，北固投资公司将涉案汝山路、焦顶山路道路工程发包给中建一局，中建一局将工程整体转包给新兴公司，属于违法转包行为，一审法院依法认定中建一局与新兴公司签订的建设工程施工分包合同及补充协议为无效合同，并无不当。根据查明的事实，孙素琴为涉案工程的实际施工人，孙素琴借用新兴公司的名义承揽工程，违反了法律、法规的强制性规定，故新兴公司与孙素琴之间的项目工程施工管理及内部风险承包责任书也属无效合同。涉案工程已经验收合格并交付使用，孙素琴作为实际施工人可以根据合同约定的工程价款要求违法分包人给付工程款，并要求发包人在欠付的工程款范围内承担责任。故中建一局以其不知晓孙素琴挂靠新兴公司实际施工为由，否定孙素琴在本案中的原告主体资格，缺乏事实和法律依据。新兴公司虽未参加本案诉讼，但其出具的函件已表明其同意中建一局直接与实际施工人孙素琴办理工程的具体结算、工程款支付等事宜。新兴公司亦未实际施工本案工程，一审未追加其参加诉讼，并不影响案件事实的认定，也未增加中建一局或北固投资公司的责任。因此，本院对中建一局关于一审法院程序错误的主张，不予支持。

中建一局与新兴公司签订的分包合同补充协议约定中建一局按总包合同结算价扣除 15% 管理费和工程税金后结算给新兴公司。孙素琴与新兴公司之间的项目工程施工管理及内部风险承包责任书亦约定工程款按照竣工结算总造价结算，新兴公司根据到账工程款实际金额，扣除管理费、税费等相关费用后支付给孙素琴。一审中，经江苏恒信建设工程造价咨询有限公司审核确定涉案工程总价款为 5689.48515 万元，孙素琴表示认可，并自愿减免工程款 10.48515 万元，总价按 5679

万元结算。二审中，北固投资公司亦明确表示，一审中三方对该结算价金额进行了磋商，其对该结算价予以确认。故一审法院据此认定孙素琴在本案所施工的工程造价数额，并无不当。此外，涉案中建一局与新兴公司的分包合同及补充协议、孙素琴与新兴公司的内部承包合同中，均有管理费的约定。上述协议虽属无效合同，但系当事人的真实意思表示，可以参照相关约定作为双方的结算依据。本案中，中建一局虽未实际施工，但根据工程的报审、结算、付款等相关情况，中建一局参与了涉案工程的管理，其主张扣除管理费，有一定依据。但中建一局不能提供充分、有效的证据证明其为工程管理投入和支出的具体情况，一审法院根据工程的实际情况酌定孙素琴承担 7.5% 的管理费，亦属合理，本院予以维持。因此，中建一局与孙素琴关于管理费的上诉主张，本院均不予支持。

经查，截至 2020 年 1 月 23 日，北固投资公司共支付中建一局工程款 4345 万元，截至 2020 年 7 月 14 日，中建一局共支付新兴公司及孙素琴工程款 3455 万元。孙素琴于 2020 年 9 月 16 日起诉至一审法院。中建一局未按照合同约定及时向新兴公司或孙素琴支付工程款，已构成违约，一审法院支持孙素琴要求中建一局赔偿延期支付工程款的银行利息损失的诉讼请求，并无不当。中建一局主张其不存在逾期付款，是孙素琴诉讼后查封账户导致其不能付款，缺乏事实依据，本院不予支持。至于开票和税金的问题，涉及税务部门的行政行为，一审法院判令双方可依据相关规定处理，如有争议可另行诉讼，亦无不当，本院予以支持。驳回上诉，维持原判。

典型案例 1–14

朱在祥、兴海县发展和改革局等建设工程合同纠纷案[①]

【案情简介】

2017 年 7 月 20 日，兴海县发展和改革局（以下简称发改局）作为发包人与陕西祥隆建设工程有限公司（以下简称祥隆公司）作为承包人签订建设工程施工合同约定，工程名称为兴海县子科滩镇贫困村公路工程三标段，工程地点为兴海县子科滩镇，工程承包范围为工程量清单、施工图纸范围内容。合同约定计划开工日期为 2017 年 7 月 20 日，

---

① 朱在祥、兴海县发展和改革局等建设工程合同纠纷民事一审民事判决书，青海省海南藏族自治州中级人民法院（2021）青 25 民初 16 号。

计划竣工日期为2018年11月20日，总工期为488天，签约合同价为44397849元，合同价格形式为固定总价。该合同附件3工程质量保修书第三条约定，工程缺陷责任期为24个月，缺陷责任期自工程竣工验收合格之日起计算。

2017年8月2日，祥隆公司（作为甲方和管理方）与青海蓓翔城市投资有限公司（以下简称蓓翔公司，作为乙方和承包方）签订建设工程承包协议，甲方同意乙方在甲方公司下进行兴海县子科滩镇贫困村公路工程三标段的承包经营，乙方承包经营期间以甲方项目经理部名义自主经营、独立核算、自负盈亏、承担风险。甲方提取的管理费用按工程中标价的2%支付，本工程所产生的各项税费和行政收费均由乙方自行承担。

2018年3月13日，蓓翔公司法定代表人程明宇（作为甲方和管理方）与青海昊圆鑫建筑工程有限责任公司（以下简称昊圆鑫公司，作为乙方和承包方）签订建设工程承包协议，甲方作为管理方将兴海县子科滩镇贫困村公路工程三标段K48—K52段，共计4公里三级公路工程承包给昊圆鑫公司施工，合同总价为10500000元，除非遇到重大变更，否则合同总价不作调整。合同价格包括人工、材料、机械、管理费、税金（所开税票抬头为资金支付单位）。

2018年4月12日，昊圆鑫公司（作为甲方和管理方）与朱在祥（作为乙方和承包方）签订建设工程承包合同，约定甲方作为管理方将兴海县子科滩镇贫困村公路工程三标段K48—K52段，共计4公里三级公路工程承包给昊圆鑫公司施工，合同总价为9500000元，包括人工、材料、机械、管理费、税金等（所开税票抬头为资金支付单位）。本合同为总价合同（图纸、工程量清单），除非遇到重大变更，否则合同总价不作调整。本项目完工经甲方验收合格，乙方办理完结算手续后，由资金支付单位向乙方支付合同价款至95%，合同价款的5%作为质保金（无息），于质保期满后由资金支付单位无息支付。工程质保期为自工程竣工验收合格之日起2年。乙方在施工期间（包括缺陷责任期）所发生的一切事宜均由乙方负责，甲方不承担任何责任。乙方须按合同总价的5%向甲方预缴农民工工资保证金，并预缴合同总价的10%作为履约保证金。2018年4月12日，昊圆鑫公司（甲方）与朱在祥（乙方）签订补充协议，约定工程内容为兴海县子科滩镇贫困村公路工程三标段K48—K52，三级公路全长4公里，施工工程包括公路及桥梁设计图纸、工程量清单的全部内容；四标段K52—K54三级公路全长2公里实施工程，包括公路路面及桥梁等设计图纸，全部内容详见工程量清单，两标段工程合同承包总价人民币24000000元。乙方需向甲方缴纳合同总价款7%的管理费（包括资质挂靠费、管理费、企业所得税）1680000元。乙方在合同签订3日内需向甲方支付管理费500000元，在甲方拨付给乙方预付款、进度款时乙方分两次支付管理费1180000元，在预付款、进度款中扣留。自购材料、机械费、乙方需提供全额增值税专用发票；劳务费发票税金由甲方扣除。所有税率以税务局征收税率为准。

2018年4月12日，昊圆鑫公司（甲方、发包方）与朱在祥（乙方、承包方）签订合同补充协议约定兴海县子科滩镇贫困村公路工程三标段K48—K52，三级公路全长4公里，施工工程包括公路及桥梁设计图纸、工程量清单的全部内容；四标段K52—K54三级公路全长2公里实施工程，包括公路路面及桥梁等设计图纸，两标段工程合同承包总价人民币24000000元，还约定了税金的负担及管理费的支付方式。但出于其他原因，朱在祥并未施工四标段工程内容，该补充合同双方并未实际履行。

为了工程款支付需要，2018年3月15日，祥隆公司（甲方）与昊圆鑫公司（乙方）签订建设工程承包协议，工程内容为兴海县子科滩镇贫困村公路工程三标段K48—K52，三级公路，全长4公里，实施工程包括公路路面、管涵及桥梁等设计图纸中的全部内容。合同总价为9500000元，除非遇到重大变更，否则合同总价不作调整。合同价格包括劳务、材料、机械租赁、保险、管理费、税金等所有费用。合同价款的5%作为质量保证金（无息），质保期为2年，待质保期届满后由甲方支付给乙方。

【法院观点】

二审法院认为，兴海县子科滩镇贫困村公路工程三标段K48—K52工程施工内容，由发改局发包给祥隆公司并签订建设工程施工合同后，祥隆公司将涉案全部工程转包给蓓翔公司，蓓翔公司又将涉案工程转包给昊圆鑫公司，昊圆鑫公司再次将涉案工程转包给不具有公路工程施工资质的朱在祥个人进行施工，涉案工程存在多次转包，故祥隆公司与蓓翔公司签订的建设工程承包协议、蓓翔公司与昊圆鑫公司签订的建设工程承包协议、昊圆鑫公司与朱在祥签订的建设工程承包合同因违反法律强制性规定，均应认定无效。

无效合同自订立时起就没有法律约束力，不能产生当事人预期的经济利益目的，但仍然产生一定的民事法律后果。根据《中华人民共和国合同法》（已失效）第五十八条规定："合同无效或者被撤销后，因该合同取得的财产，应当予以返还；不能返还或者没有必要返还的，应当折价补偿。有过错的一方应当赔偿对方因此所受到的损失，双方都有过错的，应当各自承担相应的责任。"本案中，朱在祥与昊圆鑫公司均存在过错，由于朱在祥作为实际施工人投入的人工、机械以及资金已经物化为建设工程，属于法律上的不能返还也无法返还的情形，因此，只能通过折价补偿方式进行处理。《最高人民法院关于审理建设工程施工合同纠纷案件适用法律问题的解释》（2004 年 9 月 29 日最高人民法院审判委员会第 1327 次会议通过）第二条明确规定："建设工程施工合同无效，但建设工程经竣工验收合格，承包人请求参照合同约定支付工程价款的，应予支持。"本案中，朱在祥虽未全部完成涉案工程的全部内容，但涉案工程已于 2021 年 1 月 7 日竣工验收合格，朱在祥作为实际施工人，可以请求昊圆鑫公司参照合同约定支付工程价款。朱在祥主张四被告支付工程款，根据合同相对性原则，工程款的支付主体应当是建设工程施工合同的相对方，即使本案中存在多次非法转包、违法分包的情形，亦应坚持该原则，非法转包合同、违法分包合同关系中的实际施工人向与其签订合同的转包人或违法分包人主张工程款，应以不突破合同相对性为基本原则。《最高人民法院关于审理建设工程施工合同纠纷案件适用法律问题的解释》第二十六条第二款规定："实际施工人以发包人为被告主张权利的，人民法院可以追加转包人或者违法分包人为本案第三人。发包人只在欠付工程价款范围内对实际施工人承担责任。"虽然该条突破了合同相对性原则，赋予实际施工人以诉权，但该条规定可以突破合同相对性原则。请求发包人在欠付工程款范围内承担责任的实际施工人不包括借用资质及多层转包和违法分包关系中的实际施工人，退一步讲，即便朱在祥作为实际施工人有权突破合同相对性主张权利，在主体上也限于向发包人发改局主张权利，且发改局只在欠付工程价款范围内对实际施工人承担责任。根据查明的事实，发改局作为发包方已经按照合同约定向祥隆公司足额支付了工程款，现仅对尚欠的质保金未付（质保期未届满）。故发改局亦不应再承担支付工程款的责任。因此，本案合同虽然无效，但仍应按照实际完成的工程量以合同约定的结算办法来计算工程价款。

对管理费应否返还问题，因涉案合同违反法律强制性规定，属于无效合同，故朱在祥与昊圆鑫公司签订的建设工程承包合同中关于支付管理费的约定，应为无效。虽然昊圆鑫公司向朱在祥支付了工程款，但昊圆鑫公司并未举证证明其实际参与工程施工管理，昊圆鑫公司收取管理费的行为并非对涉案工程施工进行管理的对价，而是一种通过转包违法套取利益的行为，属违法收益，不受法律保护，故昊圆鑫公司应当返还朱在祥已缴纳的管理费500000元。关于朱在祥要求昊圆鑫公司支付履约保证金、农民工工资保证金、管理费的利息主张，因双方在合同中并无约定，且朱在祥亦未按合同约定完成全部工程内容，故对朱在祥要求支付资金占用费的请求，本院不予支持。

典型案例1–15

李志明、山东泰信岩土工程有限公司等建设工程合同纠纷案[①]

【案情简介】

2019年，山东泰信岩土工程有限公司（以下简称泰信岩土公司）将其承建的小花龙潭水库除险加固工程（以下简称涉案工程）转包给李志明施工，双方就施工事项进行了口头约定，未签订书面合同。工程竣工验收后，经水利主管部门委托审计，工程款为755473.8元，泰信岩土公司已支付李志明工程款440000元。李志明主张崔加营、陈传明承担支付工程款的责任，但未提供有效证据证明其主张。李志明向法院提供的其与崔加营的微信聊天记录显示，涉案工程账目载明审计金额755473.8元，扣管理费30%，应付款为528831.66元。李志明提供的由临朐县水利局出具的信访事项处理意见书载明：陈传明公司共计欠您工程款52.5万元。诉讼过程中，李志明不认可泰信岩土公司扣除30%管理费。泰信岩土公司主张，扣除的30%管理费包括与审计单位、监理单位、质监单位进行沟通、联系所支出的人工费用、施工过程中所支出的临时建筑费用以及应当支付的税款。

【一审法院观点】

一审法院认为，李志明无建设工程施工资质，李志明与泰信岩土公司口头达成的施工合同无效。《最高人民法院关于审理建设工程施工合

① 李志明、山东泰信岩土工程有限公司等建设工程合同纠纷民事二审民事判决书山东省潍坊市中级人民法院（2023）鲁07民终2063号。

同纠纷案件适用法律问题的解释》法释〔2004〕14号第二条规定，建设工程施工合同无效，但建设工程经竣工验收合格，承包人请求参照合同约定支付工程价款的，应予支持。李志明施工的水库除险加固工程已经过竣工验收，李志明要求泰信岩土公司支付工程款，有事实和法律依据。李志明提供的其与崔加营之间的微信聊天记录及临朐县水利局的信访处理意见书中，所欠工程款均系扣除30%管理费后的数额，李志明在收到上述证据后并未提出不同意见，结合同时期泰信岩土公司转包给他人施工的其他水库除险加固工程中均约定了30%管理费的事实，应认定本案所涉工程款已扣除30%的管理费。泰信岩土公司应向李志明支付的工程款为755473.8元 ×70%=528831.66元。

【二审法院观点】

二审法院认为，本案中，泰信岩土公司将其承包的涉案工程转包给不具有施工资质的李志明施工，违反法律的强制性规定，其双方口头约定的承包合同无效。李志明施工的涉案工程已经竣工验收，李志明要求按照合同约定支付工程价款具有事实和法律依据。关于泰信岩土公司主张的30%管理费问题。崔加营向李志明发送的李志明水库加固账目中记载扣除30%管理费，泰信岩土公司提交的结算汇总表显示泰信岩土公司与李志明就涉案工程的结算金额包含9%的税金，在涉案工程增值税发票由泰信岩土公司开具的情况下，李志明主张其与泰信岩土公司未约定管理费不符合常理，对其该主张，不予支持。泰信岩土公司提交的开工批复、施工安全交底记录、施工质量报验单、施工质量验收评定表等证据能够证明泰信岩土公司参与了涉案工程的施工组织管理协调等工作，一审法院认定涉案工程应扣除30%管理费并无不当。

第二章

因资质导致建筑施工合同无效

一、建筑施工企业资质的沿革及反思

建筑施工企业资质管理经历以下几个阶段。

第一个阶段：1984—1994 年，建筑施工企业开始实施资质管理时期。

从 1984 年起，开始实施建筑施工和设计勘察企业资质管理。1989 年 6 月原建设部发布了《施工企业资质管理规定》（建设部令第 2 号），标志着全国建筑施工企业资质管理工作的全面开展。根据该规定，施工企业分为四级。资质等级的功效有两个：一是能否有权分包。一级、二级、三级施工企业承包的工程根据需要可以分包；四级施工企业承包的工程不得分包。二是能否可以跨省作业。一级、二级施工企业可以跨省独立承包工程；三级、四级施工企业和持有资质审查证书的企业可以跨省向总包企业分包工程或者提供劳务。在审批权上，实行分级和分行业主管部门、分地域主管部门享有。一级施工企业由原建设部审批。二级、三级、四级施工企业，属于国务院有关主管部门的，由国务院有关主管部门审批；属于地方的，由省、自治区、直辖市人民政府建设行政主管部门审批。也就是说一级资质的审批权在原建设部，二级资质的审批权按照行业分类，各行业行政主管部门以及省级建设行政主管部门享有。

1989 年又颁布《施工企业资质等级标准》（建施字第 224 号），制定了房屋建筑、铁道、交通等 20 个大类、41 个专业的资质等级标准。通过设定建筑业企业的资本金、人员、设备、工程业绩等方面的硬性条件，衡量申报企业是否达到标准，如果符合条件，申报企业可以被授予相应级别的资质；如果不符合，就没有相应资质，也就意味着不具有资质的企业不能进入建筑市场。同时对全国建筑施工企业进行了资质复查认证。1992 年 5 月 29 日原建设部为了加强和完善施工企业管理，推进资质管理工作走向规范化、标准化和制度化，颁布实施了《施工企业资质动态管理暂行办法》，对施工企业，根据施工业绩、人员素质、自有资金、工程质量、安全生产、经营管理水平等构成企业资质的要素发生的变化，以及是否有建设重大事故，对其资质等级进行升级和降级。要求所有施工企业必须按规定时间进行年检。要求所有的施工企业，不论等级企业或非等级企业，都应是符合国家规定的“企业法人”资格，不具备企业法人资格的要撤销其资质。

建筑施工企业开始进行资质管理，就把个人即“包工头”排除在建筑市场之外，并对资质进行分级审批。

第二阶段：1995—2000 年，建筑业企业全面实施资质管理时期。

1995 年 10 月 6 日，原建设部出台《建筑业企业资质管理规定》（建设部令第 48 号），扩大建筑业企业资质管理的范围，凡从事土木建筑工程，线路、管道及设备安装工程，装修装饰工程等新建、扩建、改建活动的建筑业企业，均需要申请企业资质，按照资质等级承揽业务。修订了等级标准，根据建筑业企业的建设业绩、人员素质、管理水平、资金数量、技术装备等，把资质划分为施工总承包、施工承包、专项分包三个类别。工程施工总承包企业资质等级分为一级、二级；施工承包企业资质等级分为一级、二级、三级、四级。专项分包没有登记。在审批权的分配上和 1989 年的《施工企业资质管理规定》一致，工程施工总承包企业和施工承包企业的资质实行分级和分部门审批。一级企业由国务院建设行政主管部门审批；二级以下企业，属于地方的，由省、自治区、直辖市人民政府建设行政主管部门审批。直属于国务院有关部门的，由有关部门审批。在资质管理上，吸收《施工企业资质动态管理暂行办法》的经验，主要通过资质年度检查进行监督，实施动态管理，按照有职称的工程技术人员、企业资本金和生产经营用固定资产原值数量的变化，以及是否有工程建设重大事故，企业资质可以升级或者降级，当构成及影响企业资质的条件已经高于或低于原定资质标准时，由资质管理部门对其资质等级或承包工程范围进行相应调整。在处罚上，给予行政机关较大的自由裁量权，对于无资质或者超越资质、涂改、出借、转让资质的进行处罚，规定处以罚款，但是没有罚款的具体额度或者限制。

第三阶段：2001 年至今，资质管理法律化，管理进一步细致化。

1997 年 11 月 1 日第八届全国人民代表大会常务委员会第二十八次会议通过《中华人民共和国建筑法》（以下简称建筑法），该法第二十六条在法律层面上，要求承包建筑工程的单位应当持有依法取得的资质证书，并在其资质等级许可的业务范围内承揽工程。禁止建筑施工企业超越本企业资质等级许可的业务范围或者以任何形式用其他建筑施工企业的名义承揽工程。禁止建筑施工企业以任何形式允许其他单位或者个人使用本企业的资质证书、营业执照，以本企业的名义承揽工程。2000 年 1 月 10 日国务院第 25 次常务会议通过《建设工程质量管理条例》（国务院令第 279 号），第二十五条在行政法层面上，再次规定：施工单位应当依法取得相应等级的资质证书，并在其资质等级许可的范围内承揽工程。禁止施工单位超越本单位资质等级许可的业务范围或者以其他施工单位的名义承揽工程。禁止施工单位允许其他单位或者个人以本单位的名义承揽工程。

为了加强对建筑活动的监督管理，维护建筑市场秩序，保证建设工程质量，根据建筑法、《建设工程质量管理条例》的规定，原建设部于 2001 年 3 月 14 日经第 38 次部常务会议讨论通过《建筑业企业资质管理规定》（建设部令第 87 号，以下简称 2001 年《建筑业企业资质管理规定》），1995 年的《建筑业企业资质管理规定》作废。在申请资质的条件上，增加注册资本、净资产、已完成的建筑工程业绩等资质要求。

主要内容：（1）形成施工总承包、专业承包、劳务作业分包三大系列，增加了特级等级，并大范围内开展建筑施工企业资质重新认证活动；（2）与其他法规联动，落实《中华人民共和国招标投标法》、建筑法的规定，例如建筑业企业在申请晋升资质等级或者主项资质以外的资质时，如果与建设单位或者企业之间相互串通投标，或者以行贿等不正当手段谋取中标的；未取得施工许可证擅自施工的；将承包的工程转包或者违法分包的；严重违反国家工程建设强制性标准的违法行为，建设行政主管部门不予批准。（3）同时加强工程质量的要求，发生过三级以上工程建设重大质量安全事故或者发生过两起以上四级工程建设质量安全事故的；隐瞒或者谎报、拖延报告工程质量安全事故或者破坏事故现场、阻碍对事故调查的；按照国家规定需要持证上岗的技术工种的作业人员未经培训、考核，未取得证书上岗，情节严重的；未履行保修义务，造成严重后果的；违反国家有关安全生产规定和安全生产技术规程，情节严重的违法行为，建设行政主管部门对建筑企业的资质申请不予批准。（4）开始对建筑业企业资质实行年检制度。（5）在审批权的分配上进行改革，国务院建设行政主管部门负责全国建筑业企业资质的归口管理工作。国务院铁道、交通、水利、信息产业、民航等有关部门配合国务院建设行政主管部门实施相关资质类别建筑业企业资质的管理工作。省、自治区、直辖市人民政府建设行政主管部门负责本行政区域内建筑业企业资质的归口管理工作。省、自治区、直辖市人民政府交通、水利、通信等有关部门配合同级建设行政主管部门实施相关资质类别建筑业企业资质的管理工作。对于建筑企业在申请资质时，向企业注册所在地县级以上地方人民政府建设行政主管部门申请，使资质管理在全国范围内形成高度统一。（6）处罚额度明确，处罚力度大。对于通过不正当手段骗取资质证书、无资质或者超越资质等级承揽工程、转让或者出借资质处以合同价款的2%以上4%以下的罚款，并没收违法所得。

建筑业企业资质等级标准由国务院建设行政主管部门会同国务院有关部门制定，2001年颁布《建筑业企业资质标准》，一直沿用至2014年版的正式出台。总承包修订为12个专业，专业承包分为60个专业，劳务作业资质分为13个专业。资质的类别，大部分是按国务院行政部门的业务管辖范围进行划分，存在行业壁垒。

在这一阶段，由于建筑法的出台，对建筑施工企业的资质要求已经是法律上的要求，资质的审批权进行改革，资质等级的条件更加繁杂。以后又进行了二次修改。

第一次修改：2006年12月30日。

虽然2006年12月30日原建设部制定《建筑业企业资质管理规定》

（自 2007 年 9 月 1 日实施，以下简称 2007 年《建筑业企业资质管理规定》），但是没有改变 2001 年生效的《建筑业企业资质管理规定》的基本框架和内容，只是对其的修订。（1）原建设部的建筑业企业资质的许可权限更明确和扩大，例如第九条第（二）款规定，国务院国有资产管理部门直接监管的企业及其下属一层级的企业的施工总承包二级资质、三级资质的许可，也是由原建设部实施。而以前央企的施工总承包二级资质、三级资质的许可由省级建设行政主管部门批准。（2）在省级建设行政主管部门实施的许可权限更加明确，主要体现在第十条，同时增加设区的市建设行政主管部门实施的许可权。（3）首次申请或增项申请建筑企业资质，提交的资料由以前七条增加到十条；不予批准企业资质升级或增项申请的情形也由以前十条增加到十二条。（4）增加建筑业企业的资质证书内容有变化时，在去原工商部门完成变更手续后，还要去原批准资质许可机关办理资质证书变更手续。（5）增加利害关系人向资质管理机关申请撤销建筑业企业资质的权利。（6）在处罚权上，与 2001 年《建筑业企业资质管理规定》相比，有了上位法建筑法的依据，但是罚款额度仍然不明确。法律法规未作规定的，处 1 万元以上 3 万元以下的罚款，比以前罚款力度大幅减少。（7）开始建立企业信用档案信息，并且向社会公布。

2014 年 11 月，经过两年多时间修订的 2014 年《建筑业企业资质标准》正式推出，总计划用两年时间进行新旧资质证书的更换。总承包分为 12 个专业，专业承包缩减为 36 个专业，取消土石方、混凝土预制构件、电梯安装、金属门窗、预应力、无损检测、体育场地设施工程等 7 个专业承包资质，在相应专业工程承发包过程中，不再作资质要求。施工劳务 13 个专业合并，并且不再划分等级。

第二次修改：2015 年 1 月 22 日。

2015 年 1 月 22 日，住房和城乡建设部颁布《建筑业企业资质管理规定》（以下简称 2015 年《建筑业企业资质管理规定》），主要修改内容：（1）增加了对于施工总承包资质的企业，国家鼓励其投资建立独资或控股的劳务企业。（2）国务院建设行政部门的资质许可范围缩小，例如施工总承包二级资质（除铁路工程施工总承包二级）、三级资质的许可不再由住房和城乡建设部负责。（3）资质许可程序由省级住房城乡建设主管部门制定，并向社会公布。（4）在申请建筑业企业资质时，由过去需要提交的资料规定十条改为八条。（5）需要继承原建筑业企业资质的，也需要重新核定资质等级。（6）在行政处罚方面，建立向住房和城乡建设部报送制度，增加对逾期不办理企业资质证书变更的处罚，处1000元以上1万元以下的罚款。（7）在资质管理上，推行建筑业企业资质许可电子化，建立建筑业企业资质管理信息系统。

2016年9月对2015年《建筑业企业资质管理规定》进行修正，资质审批时限缩短，省级住房城乡建设行政部门要在5日内将申请资料报审批部门，住房和城乡建设部自受理之日起20个工作日完成审批。

2018年12月进行第二次修正，主要将第十四条修改为："企业申请建筑业企业资质，在资质许可机关的网站或审批平台提出申请事项，提交资金、专业技术人员、技术装备和已完成业绩等电子材料。"按照"一网通办"的要求，资质申请网上进行，并要求申请者进行承诺；在资质升级时，各地审批部门通过网查工程业绩，反查企业人员和社保等信息，然后到工程现场核查，杜绝虚报工程业绩的情形发生。资质管理进入网络化管理时代。

从以上对建筑业企业资质管理制度的法律变迁，可以发现建筑业企业资质管理脱胎于1989年《施工企业资质管理规定》，有几点没有改变，一是资质是建筑市场各方主体进入市场的准入证，没有资质的个人（也就是通常说的"包工头"）没有进入建筑市场的资格。这一点对法官的影响很大，甚至在判决中，资质要求无限扩大，刷墙也需要资质（见典型案例2–2在何金东、新蒲建设集团有限公司等建设工程合同纠纷案，刷墙是一份没有技术要求的工作，法院认为没有建筑施工资质，合同无效）。二是分级审批制度，2006年赵莹在《对中国建筑施工企业资质管理现状的思考》[①]一文中就指出："这种分级审批的目的就是追求各省的建设任务与建设施工队伍的平衡，这在建筑业实行资质管理之初就曾设想和提出过，但一直没有实际可行的操作办法。应该说，用行政手段实现平衡的思想是计划经济时代的产物，在技术进步和生产效率不断提高的今天，以人为对形势的判断在全国范围内用行政手段找平衡，很难做到和做好。"三是资质管理僵化，例如资质条件过高，有些条件不符合市场要求，例如大型机械，企业如果没有，可以通过租赁方式，不一定要拥有才能进行施工作业。

① 赵莹．对中国建筑施工企业资质管理现状的思考[J].重庆建筑，2006,(10):71-72.

对行政部门来说对建筑业企业实施资质管理制度，非常容易管理，但是效果如何？这个制度经过40年的发展，行政管理手段越来越电子化网络化，应该杜绝没有相应资质的企业和自然人进入建筑市场，但是这个拦路虎并没有阻碍这些企业和自然人进入建筑市场，他们成为实际施工人，完成工程项目。孔委在《对建筑施工企业资质管理的思考与探索》一文中，就指出目前中国的资质管理的弊端：行业分割现象严重，对整个建筑市场的类别、层次进行强制划分，建筑施工企业只能在其申报的类别范围内开展生产经营活动；管理模式单一，政府主导下的建筑企业资质管理可能会带来问题：对国有企业有意扶持，对民营资本进行限制，从而严重影响建筑市场的良性发展；资金与人才力量不足，目前建筑行业没有完全实现由劳务型到技术型的产业升级，缺乏对资金与人才的引进。

针对这些问题，2020年11月11日国务院常务会议审议通过《建设工程企业资质管理制度改革方案》，指出了改革方向。改革的指导思想是：以习近平新时代中国特色社会主义思想为指导，贯彻落实党的十九大和十九届二中、三中、四中、五中全会精神，充分发挥市场在资源配置中的决定性作用，更好发挥政府作用，坚持以推进建筑业供给侧结构性改革为主线，按照国务院深化“放管服”改革部署要求，持续优化营商环境，大力精简企业资质类别，归并等级设置，简化资质标准，优化审批方式，进一步放宽建筑市场准入限制，降低制度性交易成本，破除制约企业发展的不合理束缚，持续激发市场主体活力，促进就业创业，加快推动建筑业转型升级，实现高质量发展。未来相关改革的举措：（1）放宽准入限制，激发企业活力。住房和城乡建设部会同国务院有关主管部门制定统一的企业资质标准，大幅精简审批条件，放宽对企业资金、主要人员、工程业绩和技术装备等的考核要求。适当放宽部分资质承揽业务规模上限，多个资质合并的，新资质承揽业务范围相应扩大至整合前各资质许可范围内的业务，尽量减少政府对建筑市场微观活动的直接干预，充分发挥市场在资源配置中的决定性作用。（2）大力推行工程总承包，引导企业依法自主分包。（3）落实工程质量终身责任制，为提升工程品质、保障安全生产提供有力支撑。

已经过去四年了，我们可以预期，按照《建设工程企业资质管理制度改革方案》，大部分建筑施工合同无效问题可以得到解决，工程管理回归到合同管理，建筑施工合同的条款进一步完善。

二、因资质导致建设工程施工合同无效实证分析

（一）因资质导致建设工程合同无效的情形

因资质导致建设工程合同无效有三种情形：未取得资质、超越资质、借用资质。通过统计可以发现，因实际施工人未取得资质（无资质）进行施工导致建设施工合同无效是主要原因（见图 2-1）。

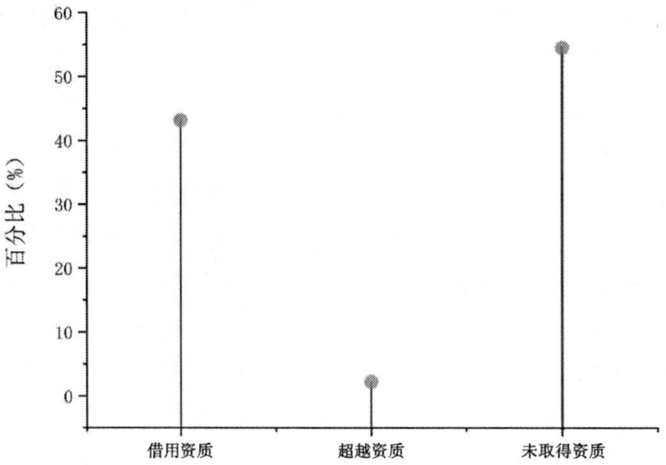

图 2-1　因资质导致建设工程合同无效的情形

在第一章对 132 个建设施工合同无效案件的统计，因资质问题（包括借用资质或者无资质、超越资质）而导致合同无效的有 44 个，占 33.33%；而在多重违法的 65 个案件，都和资质问题有关联，分为“转包＋违法分包＋资质”“违法分包＋资质”“转包＋资质”“借用资质＋未取得资质”，也就是说资质问题和违法转包违法分包并存，包括转包给无资质的自然人、违法分包给无资质的自然人、借用资质取得工程承包权又进行转包或者违法分包等。如果把这些加在一起，在 132 个建设工程合同无效案件中，有 109 个案件都有因资质不

符合法律强制性规定导致合同无效，占到83%。出借资质一方（被挂靠人）的法律地位非常尴尬，在典型案例2-3浙江鸿翔建设集团股份有限公司、桦南招远皮革城有限公司建设工程合同纠纷案（见后文）中，法院认为出借资质人（被挂靠人）主张工程款需要承担举证责任；但是在“典型案例2-4”徐新贤、邓黎东与江南园林有限公司、东方盐湖城旅游发展有限公司建设工程合同纠纷案（见后文）中，法院确认出借资质人（被挂靠人）与实际施工人之间有合同关系，需要支付工程款；发包人在欠付范围内向实际施工人支付工程款。

反对取消企业资质管理，很常用的理由就是公共利益说、安全说，“建筑产品是人民群众居住的房屋或者公共设施，直接关系社会公共安全和人民群众的生命财产安全”“企业资质是工程质量的保障”[①]。但是在第一章，通过数据统计分析，已经证明建设施工合同无效的原因与质量没有关系。下面验证资质与工程质量的关系。

（二）资质与工程质量的关系

与第一章验证合同无效原因和质量有无关系的方法一样，都是采取费希尔检验。

假设检验的基本步骤如下。

（1）首先是提出原假设，这里指资质与工程质量是相互独立的，制作交叉分类数据表（见表2-1）。

表2-1 资质和工程质量交叉分类数据

		资质		总计
		0	1	
质量	0	2	8	10
	1	20	93	113
总计		22	101	123

注：有资质为1，质量合格为1。

（2）选择检验统计量：$x^2=\sum_{i=1}^{r}\sum_{j=1}^{c}\frac{(n_{ij}-n\widehat{p_{ij}})^2}{n\widehat{p_{ij}}}$。

① 王健民．淡化资质＝忽视质量[J]. 中国招标，2020,(08): 24-25.

（3）给出拒绝域为 $w=\{x^2\geqslant x_{1-a}^2((r-1)(c-1))\}$ 可以查表，也可以根据 p 值。

（4）选择显著性水平（α 为 0.05），最后进行判断。

经过卡方检验，接受原假设，认为资质与工程质量之间是没有关系的[①]（见表 2–2）。

表 2–2　资质与工程质量卡方检验

卡方检验						
	值	自由度	渐进显著性（双侧）	精确显著性（双侧）	精确显著性（单侧）	点概率
皮尔逊卡方	0.033[a]	1	0.856	1.000	0.566	
连续性修正 b	0.000	1	1.000			
似然比	0.032	1	0.858	1.000	0.566	
线性关联	0.033[c]	1	0.856	1.000	0.566	0.311
有效个案数	123					

（备注：表中 a 表示 1 个单元格 (25.0%) 的期望计数小于 5。最小期望计数为 1.79。表中 b 表示仅针对 2 × 2 表进行计算。表中 c 表示标准化统计为 0.181）

工程款获取的前提是，工程质量合格。如果工程质量不合格，承包人或者实际施工人是不能获得工程款的。在“典型案例 2–1”福鼎市飞云新材料有限公司、林行剑建设工程合同纠纷案中，承包人没有消防建设工程的施工资质，法院认为合同无效。因为发包人认为设备不合格，虽然承包人履行了部分合同，法院判定承包人返还大部分工程款。

在第一章对工程款的统计，可以发现由于工程质量合格，即使建设施工合同无效，实际施工人也可以主张工程款。为什么这么多无资质或者超越资质的人所实施的工程，工程质量合格，实际施工人能够拿到工程款？从上面的卡方检验可以发现，资质与工程质量之间并不存在必然的因果联系。建筑企业资质是建筑行业的市场准入条件，与公共利益保护关系不大，否则无法解释资质导致合同无效的案件，工程质量都有保障。

① 茆诗松，程依明，濮晓龙．概率论与数理统计教程 [M].3 版．北京：高等教育出版社，2020.

三、典型案例分析

(一)因质量不合格，承包人返还部分工程款

典型案例 2-1

福鼎市飞云新材料有限公司、林行剑建设工程合同纠纷案①

【案情简介】

2021年10月28日，福鼎市飞云新材料有限公司（以下简称飞云公司）与林行剑签订消防工程合同书，约定由林行剑承担飞云公司消防报警工程的施工。合同第二条第二款约定消防工程应于2021年12月1日内竣工完成。合同第五条约定工程总造价为200000元，合同正式签订后，飞云公司支付50000元图纸（不带设计章），材料设备清单由飞云公司审核完成后再支付50000元；工程结束，安装调试完成并出具火灾自动报警系统检测报告后飞云公司需支付100000元。飞云公司于2021年10月28日向林行剑支付50000元，2021年11月17日支付50000元。林行剑已交付工程设计图纸。林行剑在购买设备等进入施工现场后，因飞云公司认为设备不符合质量规范，林行剑又将该设备搬回。2022年7月12日，飞云公司向林行剑发出解除合同告知函。另查明，林行剑无消防建设工程的施工资质。2022年9月5日，飞云公司诉至法院。

【法院观点】

一审法院认为，飞云公司与林行剑签订的消防工程合同书，因林行剑无消防建设工程的施工资质，违反强制性法律规定，依法应认定无效。飞云公司作为合同相对方，也存在着施工单位选任的过错。

二审法院认为，建筑法第十二条：“从事建筑活动的建筑施工企业、勘察单位、设计单位和工程监理单位，应当具备下列条件：（一）

---

① 参见福鼎市飞云新材料有限公司、林行剑建设工程合同纠纷民事二审民事判决书，(2022)闽09民终2192号。

有符合国家规定的注册资本;(二)有与其从事的建筑活动相适应的具有法定执业资格的专业技术人员;(三)有从事相关建筑活动所应有的技术装备;(四)法律、行政法规规定的其他条件。”根据一审法院查明的事实，林行剑并不具备上述资质，涉案消防工程合同书因违反法律强制性规定，依据《中华人民共和国民法典》第一百五十三条第一款“违反法律、行政法规的强制性规定的民事法律行为无效。但是，该强制性规定不导致该民事法律行为无效的除外”的规定，应认定为无效。第一百五十七条“民事法律行为无效、被撤销或者确定不发生效力后，行为人因该行为取得的财产，应当予以返还；不能返还或者没有必要返还的，应当折价补偿。有过错的一方应当赔偿对方由此所受到的损失；各方都有过错的，应当各自承担相应的责任。法律另有规定的，依照其规定”。飞云公司明知林行剑作为个人不具备消防工程资质仍与其签订涉案合同，应认定双方对合同的签订均存在过错。根据双方之间的聊天记录和一审庭审双方的陈述来看，林行剑为履行合同设计图纸、制作材料清单和报警系统检测报告，飞云公司亦将报警系统检测报告交第三方验证框架使用，应认为林行剑履行了部分合同。原判依据飞云公司已分两次各支付50000元，且按照双方签订的合同“图纸(不带设计章)，材料设备清单由飞云公司审核后支付50000元、工程报价单中火灾自动报警系统检测合价20000元”的约定，酌定由林行剑退还工程款75000元，属一审法院自由裁量范围，并无不当，本院予以确认。驳回上诉，维持原判。

典型案例 2-2

何金东、新蒲建设集团有限公司等建设工程合同纠纷案[①]

【案情简介】

河南建业恒新置业有限公司(以下简称建业公司)(发包人)与新蒲建设集团有限公司(以下简称新蒲集团)(承包人)在2016年4月28日，就建业花园3号院施工签订合同协议书一份，张志江系新蒲集团在涉案项目的总负责人，2017年11月9日，何金东与张志江签订内墙涂料施工劳务承包合同一份，主要约定：何金东就涉案工程进行内墙

① 参见何金东、新蒲建设集团有限公司等建设工程合同纠纷民事二审民事判决书(2021)豫01民终14730号。

涂料及白水泥批顶施工。因新蒲集团欠付工程款，何金东提起诉讼。

【一审法院观点】

一审法院认为，何金东无建筑施工资质，新蒲集团将其承包的工程转包给何金东施工，违反法律强制性规定，应属无效合同。

【二审法院观点】

二审法院同意一审法院观点，认为被上诉人新蒲集团将其承包的工程转包给上诉人何金东施工，因上诉人无建筑施工资质，该承包合同违反法律强制性规定，应属无效合同。

（二）出借资质方需要举证要求工程款

典型案例 2-3

浙江鸿翔建设集团股份有限公司、桦南招远皮革城有限公司建设工程合同纠纷案[①]

【案情简介】

2014 年 1 月 25 日，案外人欧万奎借用浙江鸿翔建设集团股份有限公司（以下简称鸿翔公司）资质，以鸿翔公司名义与桦南招远皮革城有限公司（以下简称招远公司）签订了桦南招远皮革城外墙装修 2 标段施工合同。合同签订后，案外人欧万奎按照合同约定进行了施工。鸿翔公司与招远公司因工程款纠纷诉至法院。

【法院观点】

一审法院认为，确认案外人欧万奎借用鸿翔公司资质，其二者存在借用资质的挂靠关系，但对桦南招远皮革城外墙装修 2 标段施工合同的效力并没有予以确认。原告出借资质与被告签订的涉案施工合同，无论涉案工程合同是否有效，原告鸿翔公司均为该合同关系的当事人，可作为当事人进行诉讼，其诉讼主体适格，但其诉讼主张要求被告给付其拖欠的工程款能否成立还应以其所依据的合同已实际履行为前提。《中华人民共和国民事诉讼法》第六十七条第一款规定“当事人对自己提出的主张，有责任提供证据”，《最高人民法院关于适用〈中华人民共和国民事诉讼法〉的解释》第九十条也规定“当事人对自己提出的诉讼请求所依据的事实或者反驳对方诉讼请求所依据的事实，应当提

---

① 参见浙江鸿翔建设集团股份有限公司、桦南招远皮革城有限公司建设工程合同纠纷民事二审民事判决书（2022）黑 08 民终 1144 号。

供证据加以证明，但法律另有规定的除外”。在事实方面，原、被告双方均认可所签订的涉案工程合同双方未实际履行，涉案工程合同实际履行人为欧万奎，原告认可其并未实际参与工程施工或管理。在证据方面，原告仅提供了其与被告签订的施工合同，也未提供拖欠该工程款的相关证据，故其主张工程款无事实及法律依据，诉讼请求不予支持。

二审法院认为，没有资质的实际施工人借用有资质的建筑施工企业名义与发包方签订建设工程施工合同，因违反法律的强制性规定而无效。因双方当事人对所签订的涉案工程合同实际履行人为欧万奎、鸿翔公司并未实际参与工程施工或管理、招远公司多次向欧万奎给付工程款、每次转账付款并非与双方之间签订的其他合同一一对应等事实均予以认可，故在双方未对桦南招远皮革城整体工程款进行结算和招远公司已就其抗辩主张承担初步举证证明责任的情况下，鸿翔公司应对其请求招远公司给付涉案合同涉及的工程款764万元的诉讼主张承担举证证明责任，一审法院根据双方举证、质证情况确定举证责任转换，符合《中华人民共和国民事诉讼法》规定的举证责任的分配原则，本院对上诉人提出一审法院举证责任分配不当的上诉主张不予支持。一审、二审审理期间，鸿翔公司仅提供了其与招远公司签订的施工合同，未提供拖欠该工程款的相关证据，故其主张工程款理据不充分，一审法院判决驳回其诉讼请求，并无不当。最后：驳回上诉，维持原判。

（三）突破合同相对性

典型案例 2-4

徐新贤、邓黎东与江南园林有限公司、东方盐湖城旅游发展有限公司建设工程合同纠纷案[①]

【案情简介】

2014年4月28日，江南园林有限公司（以下简称园林公司）与徐新贤、邓黎东签订有关工程责任协议，双方对权利义务进行了约定，其中约定徐新贤为公司该项目经理，邓黎东为担保人。2014年5月15日，东方盐湖城旅游发展有限公司（以下简称盐湖城公司）对园林公司发

① 徐新贤、邓黎东与江南园林有限公司、东方盐湖城旅游发展有限公司建设工程合同纠纷案，（2021）苏04民终1968号。

出中标通知书（该文书日期误写为5月16日），同日双方签订有关茅山盐泉小镇道天下项目道风街三标段建设工程施工合同，双方约定有关权利义务。合同签订后，徐新贤、邓黎东一方进场施工。园林公司、盐湖城公司于2015年12月31日前签订了补充协议，对工程款支付进行补充约定。2015年12月31日在园林公司、盐湖城公司等参与下，对徐新贤、邓黎东一方施工的工程进行了竣工验收，2020年1月19日审定工程，价款为43397525.06元。徐新贤、邓黎东于2020年10月17日诉至一审法院。

【一审法院观点】

一审法院认为，债是按照合同约定或者法律规定，在当事人之间产生的特定权利义务关系，享有权利的债权人有权按照约定或法律规定要求债务人履行义务。在本案中，徐新贤、邓黎东主张他们与园林公司、盐湖城公司之间是工程转包法律关系，但其提交证据却印证园林公司陈述，即徐新贤、邓黎东与园林公司之间是挂靠经营关系。徐新贤、邓黎东与园林公司关于双方之间的法律关系在庭审中各持己见，并分别援引对己有利的证据条款，一审根据案件证据呈现的法律事实对徐新贤、邓黎东释明后，徐新贤、邓黎东仍坚持原诉讼请求，故一审对徐新贤、邓黎东起诉园林公司、盐湖城公司主张转包工程款权利，不予支持。考虑到园林公司与徐新贤、邓黎东存在挂靠合同法律关系，徐新贤、邓黎东部分权利已经可以固定，为减少当事人讼累，一审在本案中酌定园林公司支付徐新贤、邓黎东1412190元中的120万元。园林公司辩称与徐新贤、邓黎东之间是挂靠经营关系意见成立，一审予以采信。盐湖城公司辩称与徐新贤、邓黎东没有合同关系意见成立，一审予以采信。判决：一、江南园林有限公司于判决生效之日起十五日内支付徐新贤、邓黎东工程款120万元；二、驳回徐新贤、邓黎东其余诉讼请求。

【二审法院观点】

二审法院认为，园林公司与徐新贤、邓黎东签订的工程项目内部管理责任协议，其实质是园林公司将本应由自己完成的茅山盐泉小镇道天下项目道风街三标段的工程施工义务全部转交由无施工资质的徐新贤、邓黎东完成，该行为违反法律禁止性规定，故工程项目内部管理责任协议应属无效。涉案工程已于2015年12月31日通过竣工验收，且已确定工程价款为43397525.06元，因徐新贤、邓黎东同意扣除7%管理费主张工程款，故徐新贤、邓黎东应获工程款为40359698元。徐新贤、邓黎东已从园林公司收取涉案工程款30694010元，园林公司尚欠工程款9665688元。园林公司认为其未收到盐湖城公司的剩余工程款，故也不应向徐新贤、邓黎东支付剩余工程款。二审认为，因双方所签协议无效，且依据盐湖城公司与园林公司的建设工程施工合同，盐湖城公司已届付款期，故园林公司应当向徐新贤、邓黎东支付剩余工程款。园林公司认为其与徐新贤、邓黎东系挂靠关系，故无须向徐新贤、邓黎东支付工程款。二审认为，园林公司并无证据证明徐新贤、邓黎东与盐湖城公司存在直接的合同关系，园林公司作为徐新贤、邓黎东的合同相对方，应当向徐新贤、邓黎东承担相应的义务。依照法律规定，发包人欠付工程价款的，实际施工人可以要求发包人在欠付工程价款范围内承担付款责任。本案盐湖城公司明确尚欠园林公司11291325.06元，徐新贤、邓黎东作为实际施工人主张盐湖城公司承担付款责任应予支持。盐湖城公司在向徐新贤、邓黎东承担责任后，所付款项可以在应付园林公司的工程款中予以抵销。综上，徐新贤、邓黎东的上诉请求中有事实和法律依据的部分，二审予以支持。裁判结果：（1）撤销常州市金坛区人民法院（2020）苏0413民初5973号民事判决；（2）江南园林有限公司于本判决生效之日起十日内向徐新贤、邓黎东支付工程款9665688元及逾期付款利息（自2020年10月22日起按照全国银行间同业拆借中心公布的贷款市场报价利率计算至款项实际付清之日止）；（3）东方盐湖城旅游发展有限公司在欠付11291325.06元的工程款范围内对徐新贤、邓黎东的上述债权承担付款责任；（4）驳回徐新贤、邓黎东的其他诉讼请求。

第三章

因转包违法分包导致合同无效

一、现行法律下的转包、违法分包的规定

（一）对转包、违法分包进行规制的法规历史沿革

对于转包的规制最早见于部门规章，是原建设部 1992 年颁发的《工程总承包企业资质管理暂行规定》（建施〔1992〕189 号）第十六条规定的，当时没有用“转包”的术语，而是使用“倒手转包”。倒手转包是指将建设项目转包给其他单位承包，只收取管理费，不派项目管理班子对建设项目进行管理，不承担技术经济责任的行为。这里的倒手转包就是建设工程实务中的转包行为。但是实践中，为了规避转包，承包单位分包给不同单位施工。因而原建设部体改法规司于 1996 年颁发的《关于如何界定工程转包分包问题的复函》（〔96〕建法法字第 14 号）进行区分。

对转包、违法分包的法律规制，是 1998 年颁布施行的建筑法，在其第二十八条规定：“禁止承包单位将其承包的全部建筑工程转包给他人，禁止承包单位将其承包的全部建筑工程肢解以后以分包的名义分

别转包给他人。”建筑法虽然没有明确规定转包的定义，但明确规定了法律禁止的两种转包行为：一种是整体转包；另一种是肢解转包。

2000年1月30日，国务院发布《建设工程质量管理条例》（国务院令第279号），于2017年10月7日、2019年4月23日进行两次修改。根据建筑法制定的《建设工程质量管理条例》，在建筑法对转包行为界定的基础上，明确对转包的定义作出了界定。转包，是指承包单位承包建设工程后，不履行合同约定的责任和义务，将其承包的全部建设工程转给他人或者将其承包的全部建设工程肢解以后以分包的名义分别转给其他单位承包的行为。违法分包包括四种行为：总承包单位将建设工程分包给不具备相应资质条件的单位的；建设工程总承包合同中未有约定，又未经建设单位认可，承包单位将其承包的部分建设工程交由其他单位完成的；施工总承包单位将建设工程主体结构的施工分包给其他单位的；分包单位将其承包的建设工程再分包的。

2004年2月3日，原建设部发布《房屋建筑和市政基础设施工程施工分包管理办法》（第124号令），根据2014年8月27日住房和城乡建设部令第19号《住房和城乡建设部关于修改〈房屋建筑和市政基础设施工程施工分包管理办法〉的决定》进行第一次修正，根据2019年3月13日住房和城乡建设部令第47号《住房和城乡建设部关于修改部分部门规章的决定》进行第二次修正，对转包的界定相比《建设工程质量管理条例》，增加视同转包。第十三条第二款规定“分包工程发包人将工程分包后，未在施工现场设立项目管理机构和派驻相应人员，并未对该工程的施工活动进行组织管理的，视同转包行为”。对违法分包界定两种情形，分包工程发包人将专业工程或者劳务作业分包给不具备相应资质条件的分包工程承包人的；施工总承包合同中未有约定，又未经建设单位认可，分包工程发包人将承包工程中的部分专业工程分包给他人的。在承包人的转包、违法分包的情形中，又增加了分包人的转包和违法分包违法情形。

2014年8月，住房和城乡建设部制定《建筑工程施工转包违法分包等违法行为认定查处管理办法（试行）》（建市〔2014〕118号），该部门规章2019年1月1日废止。

2019年，住房和城乡建设部制定《建筑工程施工发包与承包违法行为认定查处管理办法》（建市规〔2019〕1号），在转包的定义上没有区别。但是在认定转包的情形由以前六种行为扩展至十种，增加四种违法行为：专业工程的发包单位不是该工程的施工总承包或专业承包单位的，但建设单位依约作为发包单位的除外；专业作业的发包单位不是该工程承包单位的；施工合同主体之间没有工程款收付关系，或者承包单位收到款项后又将款项转拨给其他单位和个人，又不能进行合理解释并提供材料证明的；两个以上的单位组成联合体承包工程，在联合体分工协议中约定或者在项目实际实施过程中，联合体一方不进行施工也未对施工活动进行组织管理的，并且向联合体其他方收取管理费或者其他类似费用的，视为联合体一方将承包的工程转包给联合体其他方。同时，对其他认定转包的行为进行细化。例如在承包单位将其承包的全部工程转给其他单位的情形，增加“母公司承接建筑工程后将所承接工程交由具有独立法人资格的子公司施工的情形”也属于转包的规定。对施工总承包单位或专业承包单位未派遣主要管理人员的转包情形，增加“派驻的项目负责人、技术负责人、质量管理负责人、安全管理负责人中一人及以上与施工单位没有订立劳动合同且没有建立劳动工资和社会养老保险关系，或派驻的项目负责人未对该工程的施工活动进行组织管理，又不能进行合理解释并提供相应证明的”，也属于转包。

在违法分包的定义上和以前没有区别。在违法分包的具体情形的界定上，由原来的六种行为扩展至八种，除增加兜底条款“法律法规规定的其他违法分包行为”外，增加施工合同中没有约定，又未经建设单位认可，施工单位将其承包的部分工程交由其他单位施工的；劳务分包单位将其承包的劳务再分包的两种情形。除不允许施工单位将工程分包给不具备相应资质的单位外，又增加禁止分包给没有安全生产许可的单位。

从以上法规的变迁，可以看出对转包、违法分包的界定范围在不断扩大，处罚力度也在加大。而各地也紧随其后，出台了地方性的处罚措施。例如 2023 年 9 月，北京市住建委制定的《关于进一步加强违法发包、转包、违法分包、挂靠行为查处的若干措施》，就针对建筑工程领域违法发包、转包、违法分包、挂靠四类违法行为，协调多方集中发力整治。

（二）对转包、违法分包进行规制的反思

根据2019年《建筑工程施工发包与承包违法行为认定查处管理办法》对转包的定义，转包是承包人不履行合同约定的责任和义务，也就是一种违约行为。在违法分包的确定中，把施工合同中没有约定，又未经建设单位认可，施工单位将其承包的部分工程交由其他单位施工的，也界定为违法分包。但应注意违反合同约定分包本来不属违法分包，应该是违约行为。转包和违法分包，这两种违约行为，发包人可以根据民法典第七百九十一条第二款和第三款的规定，依照合同追究相对人的责任。但因违反法律和行政法规的强制规定，建设施工合同无效，又无法追究违约责任，则存在由行政机关追究当事人的责任是否合理的争议。

随着工程体量不断扩大和技术日趋复杂，由一家施工单位完成已经不可能，一般由多个不同专业技术的公司共同完成，所以建设工程中存在不同比例的专业分包。而随着市场精细化和设备专业化的发展，许多工程的现场作业都是由专业分包商完成的。由于建设施工合同在本质上是承揽合同，需不需要承揽人自己完成承揽工作，由承揽人和被承揽人进行协商。

我国法律和行政规定禁止转包和违法分包，是认为转包和违法分包严重影响工程施工质量，导致工程质量低劣。论证逻辑是：实际工程中，工程的转包与违法分包并不是一次完成的，往往是再转包和再分包，在每一次转包与分包的过程中，转包人通常都以管理费的形式扣减工程费用，导致实际用于工程建设的费用逐级减少，形成事实上的“层层扒皮”。工程的实际承包人，出于其自身利益，不得不通过偷工减料，降低材料品质等手段获取利润，从而导致工程质量低劣，甚至出现“豆腐渣工程”[①]。这种逻辑如果从合同的角度分析，很有问题。假如A公司中标一个工程，然后转包给B公司，B公司违法分包给C公司，出现质量问题，C公司能否因为层层转包、违法分包而不承担责任呢？或者另外一种情况，A公司中标后，没有转包和违法分包，承包人能否保证工程符合质量要求？其实在确认合同有效的情形下，对质量不合格的

① 张映红．工程转包与违法分包的危害与防范[J].建筑经济，2013（11）：15-17.

惩罚更大。

例如，在“典型案例 3-1”的西安绿美艺术环境工程有限公司、南京天勤园林工程有限公司建设工程合同纠纷案（见后文）中，该案被法院认为是层层分包，因工程质量不合格，法院判定实际施工人返还工程预付款，但是没有支持转包人的违约金和可预期利润损失的要求。其实如果认定合同有效，就可以要求责任人承担违约金和可预期利润损失，这样就加大了对实际施工人承担质量不合格的惩罚力度。

如果降低质量要求，导致出现重大质量问题，国家可以追究当事人的刑事责任，以儆效尤。例如，在 2020 年 10 月广东省陆河县看守所迁建工程业务楼的坍塌事故中，中标公司的法定代表人、借用建造师资质的个人、项目部项目经理、分管安全生产工作的副总经理、非法获得转包的两位承包人、实际施工人杨某某，以及杨某某聘请的技术负责人兼施工员、项目施工安全员、测量员、木工分包的无相应资质的郑某某等 13 人均以重大责任事故罪判刑。

二、因转包、违法分包导致合同无效的实证分析

（一）转包、违法分包的数据

参照第一章的数据获取，在建筑施工合同因违反强制性规定无效的 132 案件中，因违法分包与违法转包导致合同无效的案件 67 件，占总体的 51%，其中涉及转包、违法分包的多重违法案件有案件 55 件，占比 82%。这说明转包、违法分包都是和资质问题一起成为建设施工合同无效的主要原因（见图 3-1）。

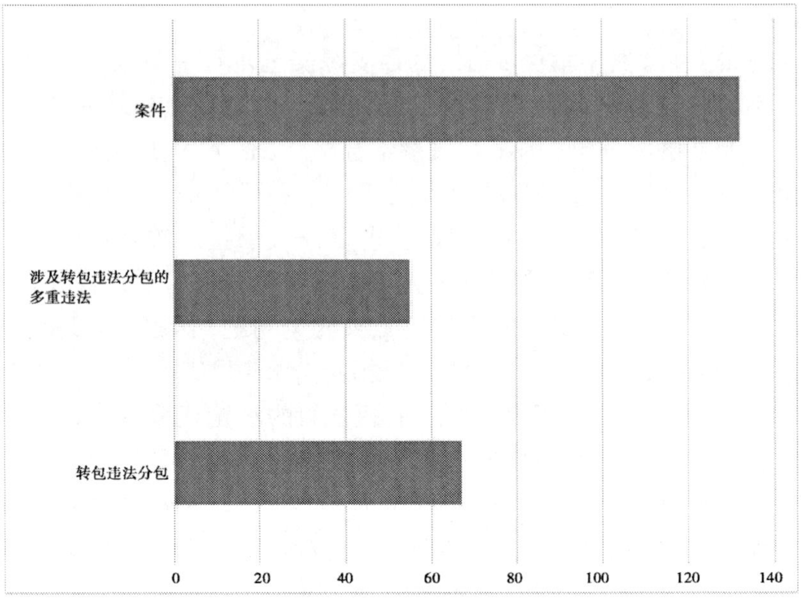

图 3-1　转包、违法分包情况

（二）转包、违法分包与质量之间的关系

与第一章验证合同无效原因和质量有无关系的方法一致，都是采取费希尔检验。

1. 转包与工程质量之间关系（连续修正）

假设检验的基本步骤如下。

（1）首先提出原假设，这里指转包与工程质量是相互独立的，制作交叉分类数据表（见表 3-1）。

表 3-1　转包与工程质量交叉分类数据

		转包		总计
		0	1	
质量	0	7	3	10
	1	61	52	113
总计		68	55	123

（2）选择检验统计量：$x^2=\sum_{i=1}^{r}\sum_{j=1}^{c}\frac{(n_{ij}-n\widehat{p_{ij}})^2}{n\widehat{p_{ij}}}$。

（3）给出拒绝域为 $w=\{x^2\geqslant x_{1-\alpha}^2((r-1)(c-1))\}$，可以查表，也可以根据 p 值。

（4）选择显著性水平（α 为 0.05），最后进行判断。经过卡方检验，接受原假设，认为转包与工程质量之间是没有关系的[①]（见表 3–2）。

表 3–2　转包与质量卡方检验

	值	自由度	渐进显著性（双侧）	精确显著性（双侧）	精确显著性（单侧）
皮尔逊卡方	0.953[a]	1	0.329		
连续性修正[b]	0.416	1	0.519		
似然比	0.987	1	0.321		
费希尔精确检验				00.509	0.263
线性关联	0.946	1	0.331		
有效个案数	123				
a.1 个单元格（25.0%）的期望计数小于 5，最小期望计数为 4.47					
b. 仅针对 2×2 表进行计算					

2. 违法分包与质量之间关系（连续修正）

假设检验的基本步骤如下。

（1）首先是提出原假设，这里指违法分包与工程质量是相互独立的，制作交叉分类数据表（表 3–3）。

表 3–3　违法分包与工程质量交叉分类数据

		违法分包		总计
		0	1	
质量	0	9	1	10
	1	82	31	113
总计		91	32	123

① 茆诗松，程依明，濮晓龙．概率论与数理统计教程 [M].3 版．北京：高等教育出版社，2020.

（2）选择检验统计量：$x^2=\sum_{i=1}^{r}\sum_{j=1}^{c}\frac{(n_{ij}-n\widehat{p_{ij}})^2}{n\widehat{p_{ij}}}$。

（3）给出拒绝域为 $w=\{x^2\geqslant x_{1-\alpha}^2((r-1)(c-1))\}$，可以查表，也可以根据 p 值。

（4）选择显著性水平（α 为 0.05），最后进行判断。经过卡方检验，接受原假设，认为工程质量与违法分包之间是没有关系的[①]（见表 3–4）。

表 3–4 违法分包与工程质量卡方检验

	值	自由度	渐进显著性（双侧）	精确显著性（双侧）	精确显著性（单侧）
皮尔逊卡方	1.451[a]	1	0.228		
连续性修正[b]	0.686	1	0.407		
似然比	1.732	1	0.188		
费希尔精确检验				0.451	0.210
线性关联	1.439	1	0.230		
有效个案数	123				
a.1 个单元格（25.0%）的期望计数小于 5，最小期望计数为 2.60					
b. 仅针对 2×2 表进行计算					

转包、违法分包与资质问题并存，董淳锷在《法律规避下的契约私人治理研究——以建筑工程违法分包现象为切入点》[②]一文中，在 6 个城市对 21 个建筑工程承包实体（企业或民间施工队）进行调研，发现“多层分包”“私自分包”“整体转包”“挂靠承揽”等现象较为严重。指出大量农村剩余劳动力持续进入城市劳动力市场，而建筑业又是容纳普通劳动力最多的一个行业。在此背景下，大量没有注册登记的民间施工队伍应运而生。而建筑领域的资质规定，实际上是我国建筑市场领域存在“双轨制”的表现，是国有企业与民营企业在市场（行业）准入的差别待遇。这些民营性质的小型建筑企业（或者不注册，直接以包工队的形式出现）只有挂靠在大型国有企业名下承揽工程，或者通过违法分包获得工作机会以谋求生存。

① 茆诗松，程依明，濮晓龙．概率论与数理统计教程[M].3 版．北京：高等教育出版社，2020.

② 董淳锷．法律规避下的契约私人治理研究——以建筑工程违法分包现象为切入点[J]. 法制与社会发展，2011，17（02）：134-141.

但是有些学者对这个问题的因果顺序的分析却是颠倒的，例如有人认为“工程转包、违法分包行为的存在，致使一部分资质较高的企业长期参与投标，中标后又转手给不具备相应资质的企业或个人，而很多有发展潜力但资质略低的企业被排斥在投标竞争行列之外。此外，一部分不具备资质的企业或个人通过‘挂靠’、转包和违法分包得以进入原本无法进入的市场领域，加剧了建筑市场的不良竞争，严重扰乱了建设市场秩序”①。这种观点没有分析为什么高资质的企业可以长期投标，中标后可以转包，而低资质或者没有资质的企业或者个人却成为实际施工人。2022 年，中国建筑业协会对我国特级资质建筑企业进行了统计，统计结果表明：截至 2021 年年底，特级资质建筑业企业 740 家，共有不同类别的特级资质 938 项。在特级资质建筑业企业的所有制构成中，国有或者国有控股企业达到 419 家，占比 56.62%；而且拥有特级资质的数量达到 600 个，占比 63.97%。根据 2020 年 30 个地区（不包括西藏）556 家特级资质建筑业企业的统计数据，虽然 556 家特级资质建筑业企业仅占全国建筑业企业数量的 0.48%，但其实现的营业收入占全国 28.96%；完成建筑业总产值占全国的 28.27%；实现的利润总额占全国的 29.44%。这些特级资质建筑业企业都是开始进行资质管理的第一批国有企业受益者，它们的占比虽然低于 0.5%，但是完成的建筑业产值占了将近 1/3。建筑行业用工是临时性用工，有工程施工才需要招聘劳动力，建筑企业不可能一直聘用大量的长期合同员工。另外，资质的设定，成为建筑企业承揽工程的门槛，阻止了中小建筑企业进入建筑市场，而目前的建筑市场技术含量并不高，必然会出现中小建筑企业“资质挂靠”承揽工程，这也是转包、违法分包久治不愈的原因。在“典型案例 3-2”安徽平昊工程建设有限公司、中煤第七十一工程处有限责任公司建设工程合同纠纷案中，总承包人就是一家拥有总承包一级资质的央企，承包该工程后，将其承包的建筑工程肢解后以分包名义分别转包给他人，以后该工程又层层分包。该案是承担外墙保温工程的实际施工人提起的诉讼，法院没有判定总承包人向实际施工人承担支付工程款的连带责任。发包人与总承包人之间还没有结算，由于质量保证金已经到期，法院突破合同相对性，认定发包人在欠付总承包人的工程款范围内向实际施工人承担付款责任。

① 张映红．工程转包与违法分包的危害与防范[J]．建筑经济，2013（11）：15-17.

三、典型案例分析

典型案例 3-1

西安绿美艺术环境工程有限公司、南京天勤园林工程有限公司建设工程合同纠纷案①

【案情简介】

案外人中国京冶工程技术有限公司（发包人）与案外人上海绿彦景观设计工程有限公司（承包人）签订淮安西游记文化体验园（增资后）项目西游乐园主题栏杆工程分包合同书，约定工程内容为西游乐园主题栏杆工程。当事人 2020 年 11 月 1 日，案外人上海绿彦景观设计工程有限公司（甲方）与南京天勤园林工程有限公司（以下简称南京天勤园林公司）（乙方）签订淮安西游记文化体验园（增资后）主题包装工程施工合同，约定承包范围为淮安西游记文化体验园主题包装施工，工作内容为依据施工图纸、工程规范所示，本工程承包范围包括以下工作内容：材料制作、运输、安装。同时约定工期、工程质量、合同价款等内容。2021 年 2 月 26 日，西安绿美艺术环境工程有限公司（以下简称西安绿美公司）（乙方）与南京天勤园林公司（甲方）签订淮安西游乐园主题 GRC 栏杆工程合同书，约定工程名称为淮安西游乐园主题栏杆工程，工程内容为西游乐园主题栏杆工程。2021 年 3 月 30 日，南京天勤园林公司向西安绿美公司发出通知单，事由为 GRC 主题栏杆因质量问题停止生产。

【法院观点】

一审法院认为，关于合同效力，根据民法典第一百五十三条规定："违反法律、行政法规的强制性规定的民事法律行为无效。但是，该

① 参见西安绿美艺术环境工程有限公司、南京天勤园林工程有限公司建设工程合同纠纷民事二审民事判决书江苏省淮安市中级人民法院民事判决书，(2023) 苏 08 民终 434 号。

强制性规定不导致该民事法律行为无效的除外。”建筑法第二十九条规定：“禁止总承包单位将工程分包给不具备相应资质条件的单位。禁止分包单位将其承包的工程再分包。”中国京冶工程技术有限公司将西游乐园主题栏杆工程分包给上海绿彦景观设计工程有限公司，上海绿彦景观设计工程有限公司将涉案工程转包给南京天勤园林公司，南京天勤园林公司又将涉案工程转包给西安绿美公司，层层转包，故西安绿美公司、南京天勤园林公司之间的淮安西游乐园主题GRC栏杆工程合同书无效。

关于工程款，民法典第七百九十三条规定：“建设工程施工合同无效，但是建设工程经验收合格的，可以参照合同关于工程价款的约定折价补偿承包人。”根据合同约定、鉴定报告的意见，西安绿美公司制作的栏杆不符合合同约定要求，故其无法参照合同约定获得工程款。

关于合同无效的法律后果，根据民法典第一百五十七条规定：“民事法律行为无效、被撤销或者确定不发生效力后，行为人因该行为取得的财产，应当予以返还，不能返还或者没有必要返还的，应当折价补偿。有过错的一方应当赔偿对方由此所受到的损失，各方都有过错的，应当各自承担相应的责任，法律另有规定的，依照其规定。”《最高人民法院关于适用〈中华人民共和国民事诉讼法〉的解释》第九十条规定：“当事人对自己提出的诉讼请求所依据的事实或者反驳对方诉讼请求所依据的事实，应当提供证据加以证明，但法律另有规定的除外。在作出判决前，当事人未能提供证据或者证据不足以证明其事实主张的，由负有举证证明责任的当事人承担不利的后果。”南京天勤园林公司主张西安绿美公司退还预付款76500元，不违反法律规定，法院依法予以支持。因合同无效，南京天勤园林公司依据合同主张西安绿美公司承担违约金和可预期利润损失，无事实和法律依据，法院不予支持。关于南京天勤园林公司主张西安绿美公司退还14000元的专用水泥，南京天勤园林公司未能举证证明专用水泥仍然存在，举证不充分；关于赔偿开发模具费56852元，南京天勤园林公司仅举证案外人出具的收条和单方制作的报价明细表，证明力较弱，法院依法不予支持；上述两项主张，南京天勤园林公司均可待收集证据后，另行主张。关于西安绿美公司主张其制作了所有柱子中间钢管基础焊接，西安绿美公司关于该部分施工后续是否实际使用并未充分举证，其可待收集证据后，另行主张。

二审法院认为，承揽合同是承揽人按照定做人的要求完成工作，交付工作成果，定作人支付报酬的合同。承揽包括加工、定做、修理、复制、测试、检验等工作，而建设工程合同的标的不是一般的定做物，而是工程项目。本案中，南京天勤园林公司与西安绿美公司签订的是淮安西游乐园主题GRC栏杆工程合同书，工程名称和内容均为西游乐园主题栏杆工程，涉案工程内容包含主题装饰构件GRC、内骨架制作安装等。西安绿美公司承包内容为GRC栏杆生产及安装，施工所需的现场维护及安全措施、成品和设备保护、样品制作及样板段安装。双方对质量标准约定：本工程单位工程质量等级必须达到100%合格，符合国家、行业、地方、业主及发包人的质量验收规范、标准，所选用的材料、构件必须满足国家质量检验标准和设计规范的要求。该工程是淮安西游记文化体验园（增资后）项目下的分包项目，具有专业性、规范性，故涉案合同并不符合承揽合同特征，本案不应适用承揽合同的相关法律规定，一审认定本案为建设工程合同纠纷并无不当。

关于涉案工程经鉴定不合格的责任应当如何认定的问题，本院认为，当事人对自己提出的主张，有责任提供证据。本案中，西安绿美公司施工的涉案工程已经质量鉴定报告认定为不符合合同约定要求。双方签订的工程合同已经明确西安绿美公司施工工程为主题GRC栏杆工程，根据双方当事人一审提交的工程联系单、录音及聊天记录等证据可以看出，南京天勤园林公司多次提出涉案工程所需材料及标准，并不存在指示不当造成西安绿美公司施工工程质量不合格的事实，反而能够证明西安绿美公司在涉案工程施工过程中对工程材料、施工工艺存在错误理解和施工的行为，且经业主和总包单位多次检查不合格而要求整改后仍未能完成合同要求施工的工程，最终导致合同解除，故涉案工程最终质量不合格的责任应由西安绿美公司承担。

关于上诉人西安绿美公司的损失应否支持以及南京天勤园林公司支付的预付款应否返还的问题，本院认为，违反法律、行政法规的强制性规定的民事法律行为无效。但是，该强制性规定不导致该民事法律行为无效的除外。民事法律行为无效、被撤销或者确定不发生效力后，行为人因该行为取得的财产，应当予以返还，不能返还或者没有必要返还的，应当折价补偿。有过错的一方应当赔偿对方由此所受到的损失，各方都有过错的，应当各自承担相应的责任，法律另有规定的，依照其规定。本案中，南京天勤园林公司将其从上海绿彦景观设计工程有限公司承包的涉案工程转包给西安绿美公司，其与西安绿美公司签订的淮安西游乐园主题 GRC 栏杆工程合同书因违反了法律的强制性规定而无效，合同无效后双方当事人应当相互返还取得的财产，南京天勤园林公司有权主张西安绿美公司退还其已支付的预付款 76500 元。对于西安绿美公司主张已完成的钢结构柱子 7 万元，西安绿美公司既未举证证明南京天勤园林公司取得并使用了上述工程，也未充分举证证明上述工程价值 7 万元，故其应承担不利后果。综上，上诉人西安绿美公司的上诉请求不能成立，应予驳回；一审判决认定事实清楚，适用法律正确，应予维持。

典型案例 3-2

安徽平昊工程建设有限公司、中煤第七十一工程处有限责任公司建设工程合同纠纷案[①]

【案情简介】

2016 年 10 月 19 日，淮北安业建筑工程有限公司（以下简称安业公司）与中煤第七十一工程处有限责任公司（以下简称中煤七十一处）签订建设工程施工合同，约定由中煤七十一处总承包建设淮北隋唐运河古镇·运河人家一期工程，工程承包范围包括招标文件（含施工图及修改图、设计变更单、招标人确定的招标范围和图纸清单疑问回复、工程量清单、修改澄清文件等）约定的全部建设工程施工。2017 年 4 月 6 日，中煤七十一处与安徽平昊工程建设有限公司（以下简称平昊公司）签订了建设工程施工劳务及专业分包合同，约定由平昊公司分包“运河人家”一期工程 17#、18#、19#、28#、29# 住宅楼及周边地下车库劳务及安装专业分包工程，分包工程承包范围为图纸及清单范围内全部施工工序及内容，经最终审计部门审核完毕竣工结算后，支付至总合同价款的 95%。合同价款的 5% 作为质保金，质保期满后无质量问题无息支付给平昊公司。实际支付比例以建设方支付中煤七十一处工程款比例为前提。2017 年 4 月 6 日，平昊公司与淮北安兴古镇文化旅游开发有限责任公司（以下简称安兴公司）签订了建设工程施工大清包分包合同，约定由安业公司承包“运河人家”一期工程 17#、18#、19#、28#、29# 住宅楼及周边地下车库大清包及安装专业分包工程，分包工程承包范围为图纸及清单范围内全部施工工序及内容，工

① 安徽平昊工程建设有限公司、中煤第七十一工程处有限责任公司建设工程合同纠纷二审民事判决书安徽省淮北市中级人民法院民事判决书（2021）皖 06 民终 584 号。

期382天，自2017年4月1日至2018年4月17日，合同价款按工程审计造价的93%结算，7%作为平昊公司收取的管理费用，无预付工程款。承包人向分包人支付进度工程款的时间和方式为：承包工程经竣工验收合格后30日，支付至合同总价款的85%，经最终审计部门审核完毕竣工结算后，支付至总合同价款的95%。合同价款的5%作为质保金，质保期满后无质量问题无息支付给安业公司。分包工程的质保期限根据《建设工程质量管理条例》及有关规定为准。

安业公司承接分包工程后，将“运河人家”一期三标段分包工程中的外墙保温（包工包料）工程交由刘磊承包施工。刘磊施工完毕后，双方经结算，于2020年3月11日签订了结算协议。

【法院观点】

一审法院认为，当事人签订合同不得违反法律、行政法规的强制性规定。刘磊作为个人，没有取得建筑施工企业资质，故其与安业公司之间签订口头建设工程施工合同为无效合同。虽然刘磊与安业公司之间口头建设工程施工合同无效，但刘磊已按约定履行了外墙真石漆工程施工义务，涉案工程已经竣工验收合格，双方已对工程价款进行了结算，故刘磊有权要求参照结算协议约定支付工程款。双方签订的结算协议虽然约定了工程审计结束后，安业公司收到工程款立即支付给刘磊，但双方之间的工程价款已经实际结算，不存在审计问题，且工程质保期已经届满，安业公司未取得剩余工程款系其怠于行使其到期债权，故安业公司支付刘磊工程款的条件已经符合，刘磊要求安业公司支付工程款24万元，于法有据，予以支持。

关于中煤七十一处责任。本案中，与刘磊建立工程分包关系的是安业公司，并非中煤七十一处、平昊公司。《最高人民法院关于审理建设工程施工合同纠纷案件适用法律问题的解释（二）》第二十四条规定，实际施工人以发包人为被告主张权利的，人民法院应当追加转包人或者违法分包人为本案第三人，在查明发包人欠付转包人或者违法分包人建设工程价款的数额后，判决发包人在欠付建设工程价款范围内对实际施工人承担责任。虽然上述司法解释确有突破合同相对性的例外，但仅在转包、违法分包情形下，发包人在欠付转包人或者违法分包人工程价款的范围内对实际施工人承担付款责任，但并不包括总承包人。合同的相对性是合同法的基本原则，是指合同在特定的合同当事人之间发生法律约束力，只有合同当事人一方能基于合同向合同相对方提出请求或提起诉讼，而不能向与其无合同关系的第三人提出请求，也不能擅自为第三人设定合同上的义务。故刘磊要求中煤七十一处对安业公司的上述债务承担连带偿还责任，于法无据，不予支持。

关于安兴公司责任。《最高人民法院关于审理建设工程施工合同纠纷案件适用法律问题的解释（二）》第二十四条规定，实际施工人以发包人为被告主张权利的，人民法院应当追加转包人或者违法分包人为本案第三人，在查明发包人欠付转包人或者违法分包人建设工程价款的数额后，判决发包人在欠付建设工程价款范围内对实际施工人承担责任。本案工程的发包人为安兴公司，故安兴公司应在欠付中煤七十一处工程款范围内对刘磊承担付款责任。涉案工程签约合同价为183993129.62元，已支付合同约定的95%工程款，合同约定剩余5%作为质保金，其中4%两年质保期满后支付，现“运河人家”一期工程1#、17#、18#、19#、28#、29#住宅楼已于2018年9月15日竣工，竣工后已满两年质保期，安兴公司应支付该楼栋的相应质保金。安兴公司与中煤七十一处虽未进行最终决算，但其已届满履行期限的合同约定4%的质保金数额735万余元，远远超过安业公司应支付刘磊的工程款24万元，故安兴公司应在其欠付中煤七十一处的工程价款范围内对刘磊承担付款责任。综上，一审判决：（1）安业公司于判决生效后十五日内给付刘磊工程款24万元；（2）安兴公司在欠付中煤七十一处工程款范围内对刘磊承担付款责任；（3）驳回刘磊其他诉讼请求。一审案件受理费4900元，由安业公司负担。

二审法院认为，本案二审争议焦点为安兴公司应否在欠付中煤七十一处工程款范围内对刘磊承担付款责任。《最高人民法院关于适用〈中华人民共和国民法典〉时间效力的若干规定》第一条第二款规定，民法典施行前的法律事实引起的民事纠纷案件，适用当时的法律、司法解释的规定，但是法律、司法解释另有规定的除外。建筑法第二十八条规定，禁止承包单位将其承包的全部建筑工程转包给他人，禁止承包单位将其承包的全部建筑工程肢解以后以分包的名义分别转包给他人。本案中，安兴公司作为发包方将其建设工程发包给中煤七十一处，中煤七十一处作为总承包方将其承包的部分工程分包给平昊公司，平昊公司将其分包工程转包给安业公司，安业公司又将其转包工程中外墙保温（包工包料）工程分包给刘磊。对以上事实，各方不持异议。《最高人民法院关于审理建设工程施工合同纠纷案件适用法律问题的解释（二）》第二十四条规定，实际施工人以发包人为被告主张权利的，人民法院应当追加转包人或者违法分包人为本案第三人，在查明发包人欠付转包人或者违法分包人建设工程价款的数额后，判决发包人在欠付建设工程价款范围内对实际施工人承担责任。本案工程发包人为安兴公司，刘磊实施了其发包的建设工程中外墙保温（包工包料）工程，作为实际施工人，刘磊依法有权向发包人主张其在欠付总承包方建设工程价款范围内的付款责任。根据查明的事实，安兴公司与中煤七十一处虽未进行最终决算，但安兴公司有履行期限届满的质保金 735 余万元尚未支付，远远超过安业公司应支付刘磊的工程款 24 万元，故一审认定安兴公司应在欠付中煤七十一处工程款范围内对刘磊承担付款责任并无不当，应当予以维持。平昊公司、中煤七十一处关于安兴公司不应承担付款责任的上诉理由均不能成立。平昊公司、中煤七十一处均主张将涉案工程款全部支付给安业公司，不存在欠款的情形，但平昊公司、中煤七十一处在一审、二审期间均未提供充分有效的证据予以证明，且平昊公司在上诉状中自认其与安业公司的结算目前还在核算中，故中煤七十一处、平昊公司该上诉理由无事实依据，不应予以支持。平昊公司认可刘磊是外墙保温（包工包料）的零星工程承包人，其关于刘磊非系法律意义上的实际施工人的上诉理由不能成立。中煤七十一处主张以专业分包名义将其承包工程分包给平昊公司不是转包人或者违法分包人。中煤七十一处与安兴公司签订合同约定承包 1#、2#、3#、4#、11#、12#、17#、18#、19#、28#、29# 施工图及修改图等施工内容。中煤七十一处与平昊公司签订建设工程施工劳务及专业分包合同约定平昊公司分包 17#、18#、19#、28#、29# 住宅楼及周边地下车库劳务及安装专业分包工程，分包工程承包范围为图纸及清单范围内全部施工工序及内容。中煤七十一处将其承包的十一栋楼中的五栋楼工程分包给平昊公司，属于承包单位将其承包的建筑工程肢解后以分包名义分别转包给他人，违反上述法律禁止性规定。故中煤七十一处关于其属合法分包的上诉理由缺乏事实和法律依据，不予支持，驳回上诉，维持原判。

第四章

建设工程施工合同无效的思考与重构

一、建设工程施工合同本身是一个治理机制

在法律上，强调合同是当事人双方合意达成的协议。但是在实际履行中，合意并不是合作。在建筑工程项目中，与一般的买卖交易相比，工程项目往往具有交易金额大、资产专用性高、不确定性强、交易频率低等特征，双方的冲突非常常见，避免不了机会主义。工程管理专家对这个问题做了大量的研究，如何避免或者控制承包商的机会主义，就是依靠合同。[①] 实业界和学术界往往把合同当成实现私人秩序的惩罚性法律工具，而对于复杂的工程合同，还可以从其他视角来看待其作用。天津大学王文骞在其博士论文《功能视角下工程合约复杂性的

① A contract—as the main measureto govern contractors' opportunistic behavior (Mitropoulosand Howell 2001, Mitropoulos, P., and Howell, G. (2001). "Model for understanding, preventing, and resolving project disputes." J. Constr. Eng. Manage.,10.1061/(ASCE)0733-9364(2001)127:3(223),223-231.)

刻画、度量与治理作用研究》中，结合 FIDIC 合同分析，指出建设工程施工合同在治理业主和承包商之间关系，有三个功能，即控制功能、协调功能和适应功能。研究发现，工程项目的环境不确定性和行为不确定性都是诱发承包商机会主义行为的风险源，而设计更加复杂的合约能够有效地抑制不确定性对机会主义行为的促进作用。具体来看，工程合约的控制功能和适应功能越复杂，项目的环境不确定性所带来的机会主义行为就越少；合约协调功能越复杂，项目的行为不确定性所带来的机会主义行为就越少。[①] 姜新宽等人采用问卷调查方式收回有效数据 181 份进行实证研究。研究结果表明：合约控制功能对承包商角色内行为有显著的正向影响。[②]

把合约看成一种治理机制，治理交易中可能出现的各种问题。同时，合约已经不仅仅被视为传统的僵硬的法律工具，而应该从多种视角来看待它在交易中发挥的作用。承包商偷工减料，降低工程质量这种机会主义，是可以通过合同进行制约的。

二、对建设工程施工合同无效制度的思考

虽然在签订建设工程合同时，有很多范本可以参考，但是大部分建设工程合同都存在不同程度的缺陷，因为工程项目常常是在开放的、不确定的环境中实施的，包括自然环境、技术环境、经济环境、社会和法律环境等，而且履行期限长，涉及的主体多，市场复杂多变，需要当事人一边履行合同，一边通过索赔进行纠正。面对这些不尽如人意的合同，法律的着眼点是促进交易开展和保护交易安全，而不是把许多本来可以履行的合同，判定为无效合同，由此造成了经济损失的增加（包括订约成本、履约成本和解决纠纷的成本，以及其他直接和间接

① 王文骞．功能视角下工程合约复杂性的刻画、度量与治理作用研究［D］．天津大学，2018．

② 姜新宽，唐吟秋，陈勇强．合约控制功能对承包商合作行为影响研究：业主权力的调节作用［J］．工程管理学报，2016，30（04）：1-6．

损失），阻碍了建筑市场的发展。以下是对我国的建设施工合同无效制度的几点思考。

（一）合同当事人无法依照合同追究对方责任

在建设工程领域，建设施工合同无效的比例较高，尤其是因为违反法律、行政法规的强制性规定导致合同无效是常见原因。由于合同无效，合同中的违约责任也就无法追究。例如在“典型案例 4-4”杭州西腾环境集团有限公司建设工程合同纠纷案（见后文）中，因为合同无效，实际施工人主张的停工、窝工损失因属于赔偿损失的请求以及可得利益损失未获法院支持；转包人反诉赔偿损失的要求，也被法院驳回。对于实际施工人，从 2018 年 4 月 13 日入场到 2018 年 7 月 12 日退场期间的工作得不到补偿；对于转包人，因为实际施工人退场，找第三家继续进行施工，费用增加，也没有得到补偿。在“典型案例 4-3”金守赵、金利娜、林星信等建设工程合同纠纷案中，因为合同无效，建房人金守赵、金利娜要求的违约金未获法院支持。虽然法院认定发包人与承包人在造成房屋质量问题中各方的比例责任，但是只是用在计算鉴定费，发包人要求赔偿损失的要求未获支持。

（二）履约保证金没有起到保证作用

一般实际施工人在承包工程时，会要求交付一定数额的履约保证金。但是由于合同无效，实际施工人虽然没有履约，往往法院会判决返还履约保证金，这时候合同当事人无法依照合同制约，实际施工人出现停工退场。在“典型案例 4-5”金寨兴利建筑劳务有限公司、金文兵、罗海军建设工程合同纠纷案中，实际施工人金文兵在进场施工二十多天后无故退场，但是法院认定合同无效，判定兴利劳务公司返还履约保证金。在层层转包、层层分包下，实际施工人的工程款已在缩水，而履约保证金又形同虚设，工程质量出现问题又会导致刑事责任，不赔钱的最好决策就是停工撤场，“半拉子”工程就会越来越多。

（三）实际施工人无法依靠合同获得违约金

实际施工人由于资质问题，无法进入建筑市场。如果获得工程项目，即使签订合同，合同规定了违约金，也没有办法获得。例如在“典型案例 1-11”李凝、中建七局第二建筑有限公司等建设工程合同纠纷案中，实际施工人要求违约金。一审法院认为：因双方签订的风险承包施工补充协议书为无效合同，实际施工人主张的违约金于法无据，不予支持。

三、典型案件分析

典型案例 4-1

夏正清、周守旺等建设工程合同纠纷案[①]

【案情简介】

2020 年 12 月连云港云正城市发展有限公司（以下简称云正公司）发布关于“灌云经济开发区实验学校南侧地块拆迁工程”的招标公告，河南远大建设集团有限责任公司（以下简称远大公司）投标并中标。2021 年 1 月 18 日，远大公司（乙方）以潘成仙为委托代理人经手与云正公司（甲方）签订灌云经济开发区实验学校南侧地块拆迁工程承包合同。2021 年 1 月 17 日，潘成仙（甲方）与夏正清、周守旺（乙方）签订协议书，约定：甲方同意乙方进行位于“灌云经济开发区实验学校南侧地块拆迁工程”工程的拆除等所有事宜；乙方在甲方公司施工期间因乙方以甲方的名义承包拆除工程项目，所以甲方有责任对工程负责，凡以甲方名义签订的施工协议，乙方必须无条件执行甲方与建设方签订的施工协议条款及本工程相关的其他协议；乙方在甲方公司施工期间涉及的垫资、施工保证金、拆迁机械费用及人工工资均由乙

① 夏正清、周守旺等建设工程合同纠纷民事二审民事判决书，江苏省连云港市中级人民法院（2022）苏 07 民终 3745 号。

方自行承担，甲方不支付任何费用；如乙方在承接整个项目后，销售收入出现亏损，亏损损失则全部由乙方承担，甲方不承担该项目任何亏损费用。双方同日还签订一份买卖合同，拟定由乙方实施拆迁地块灌云经济开发区实验学校南侧地块拆迁辅材工程，总工程总价 4200000 元整，付款方式签订合同付 500000 元，进厂（场）之前付 500000 元，剩余款项边拆边付。

2021 年 1 月 18 日，夏正清、周守旺进场拆除施工。2021 年 10 月 22 日，云正公司(甲方)与远大公司(乙方)签订解除协议书，双方就"灌云经济开发区实验学校南侧地块拆迁工程"项目达成解除协议。至此，潘成仙及夏正清、周守旺因解除协议书均停止对涉案地块拆迁工程的拆除施工。涉案地块拆迁工程中 C–2、C–3、C–5 厂房地块未开始拆除施工，C–1、C–4、C–6、C–7、C–8 已进行拆除施工。

远大公司原名为河南新远大建设有限公司，于 2021 年 2 月 19 日更名为河南远大建设集团有限责任公司。潘成仙与远大公司之间不存在劳动关系。潘成仙及夏正清、周守旺均不具有建筑资质或专业拆除资质。

【法院观点】

一审法院认为，涉案"灌云经济开发区实验学校南侧地块拆迁工程"是第三人云正公司通过招投标发包给中标的远大公司承包施工。而远大公司在涉案工程的投标、中标过程中，涉案工程的投标保证金、材料标书出场费、材料费及人员出场费等实际支付，中标合同的签订及进场施工保证金的缴付等，均是潘成仙的行为结果，系潘成仙借用远大公司资质进行涉案工程的投标、中标取得承包权利。尤其潘成仙向远大公司支付管理服务费、点位费这一事实，须加以证实。另查实的潘成仙在本案中向云正公司交付同舟塑胶拆迁款，及向远大公司马印交付的代为保管工程款等行为，夏正清、周守旺称是潘成仙代表远大公司对涉案工程项目实施的代理行为，其法律后果应当由远大公司承担。一审法院综合考虑潘成仙该行为的实施原因、过程和结果，认为潘成仙行为目的是使涉案工程得以实际施工，仍属于挂靠行为。本案中远大公司亦否认与潘成仙之间存在代理关系。夏正清、周守旺所称"代理"无证据佐证，与客观事实不符，一审法院不予采纳。综上，一审法院确认涉案地块拆迁工程是潘成仙借用远大公司资质投标、中标承包并实际施工。潘成仙取得涉案工程"中标承包"时又将其中地上物的拆除（除混凝土外）工程（亦称辅材工程）协议分包给夏正清、周守旺施工。

潘成仙借用远大公司资质而中标承包、分包行为，按上述规定均属无效，故涉案灌云经济开发区实验学校南侧地块拆迁工程承包合同、协议书、买卖合同均无效。

二审法院认为，潘成仙作为远大公司的委托代理人与云正公司签订了灌云经济开发区实验学校南侧地块拆迁工程承包合同，且潘成仙交纳了涉案工程的投标保证金、材料标书出场费、材料费及人员出场费、进场施工保证金、管理服务费和点位费等，可以证明潘成仙是借用远大公司的资质中标涉案工程，故潘成仙与远大公司之间应属于挂靠关系，本案的灌云经济开发区实验学校南侧地块拆迁工程承包合同因违反强制性规定而无效。

典型案例 4-2

温州谦全建设有限公司、温州市机关事务管理局建设工程合同纠纷案[①]

【案情简介】

2017 年 8 月，温州市机关事务管理局（以下简称市管理局）（作为发包人）与温州谦全建设有限公司（以下简称谦全建设公司）（作为承包人）经招投标程序签订一份建设工程施工合同，约定由谦全建设公司承包温州市瓯海区景山街道西山东路 36 号裕达大楼房屋整体加固工程，工期 60 天，签约合同价 955440 元。本合同价款采用单价合同方式确定，合同价款中包括的风险范围：除设计变更、实际工程量的增减、优质工程增加费外均不再调整。合同专用条款第十五条第二项约定，工程尾款及工程施工中因变更等产生的价款均留在竣工验收以后决算时，经发包人认可的审计部门审计后按审定结果结清。合同签订后，涉案工程于 2017 年 9 月 30 日开工，后于 2017 年 12 月 4 日竣工。2018 年 11 月 30 日，经温州市财政局委托浙江金穗工程项目管理有限公司对涉案工程量进行审计，审定金额为 1096845 元。谦全建设公司分别于 2017 年 9 月 6 日、10 月 24 日、11 月 8 日各向市管理局开具增值税普通发票 286632 元、477720 元、95544 元，共计 859896 元，

---

① 参见温州谦全建设有限公司、温州市机关事务管理局建设工程合同纠纷二审民事判决书，浙江省温州市中级人民法院（2021）浙 03 民终 1075 号。

上述发票的税率均为3%。市管理局分别于2017年9月25日、11月9日、12月13日各向谦全建设公司支付工程款286632元、477720元、95544元，共计859896元。因市管理局工作人员陈诗鲍存在犯罪行为，经（2019）浙0304刑初507号刑事判决认定："景山街道西山东路36号裕达大楼房屋整体加固工程由林东升挂靠的谦全建设公司中标施工，竣工验收后，经浙江金穗工程项目管理有限公司审核，审定工程金额为1096845元，市管理局已支付工程款859896元。案发后，经温州设计集团有限公司现场勘查复审，应核减现场未做及其他调整部分工程量共计644300元。市管理局已多支付工程款407351元，其中陈诗鲍明知工程的板底粘钢加固等现场未做，应当核减而未核减的工程量107741.04元，已造成国家损失107741.04元。"该刑事判决已生效。现市管理局依据该刑事判决认定的金额诉至该院，要求谦全建设公司退还差价款。另查明：温州设计集团有限公司于2019年3月22日经温州市瓯海区监察委员会委托就景山街道西山东路36号裕达大楼房屋整体加固工程现场施工情况检查及结算审核出具一份书面报告，依据现场检查情况、委托方提供的工程造价结算资料进行审核景山街道西山东路36号裕达大楼房屋整体加固工程原审核造价为1096845元，本次鉴定审核结果为452545元，差额644300元。诉讼中，市管理局明确其无法向谦全建设公司退还诉争工程款的发票，是否应在诉争工程款中扣除税点由法院依法认定。

【法院观点】

一审法院认为，没有资质的实际施工人借用有资质的建筑施工企业名义对外签订的建设工程施工合同，应认定为无效。案外人林东升借用谦全建设公司的名义与市管理局签订建设工程施工合同，违反法律的强制性规定，应确认无效。温州设计集团有限公司经复审涉案工程造价应核减644300元，该事实已经生效刑事判决作为基本事实予以确认，故市管理局主张要求返还多付的工程款，有事实与法律依据，依法予以支持。现谦全建设公司对上述复审结论及工程核减量提出异议，并申请对涉案工程进行造价鉴定，考虑到涉案工程经两次审价并已在刑事判决书中予以认定，谦全建设公司亦没有提供足以推翻该刑事判决所认定事实的证据，故不予准许。谦全建设公司以林东升系涉案工程实际施工人为由，辩称应由林东升承担相应责任，并申请追加林东升为共同被告，市管理局对此不予认可且不同意将林东升作为被告，因涉案建设工程施工合同系由市管理局、谦全建设公司签订，林东升并非该合同当事人，诉争工程款亦由市管理局支付给谦全建设公司，故林东升是否应基于其与谦全建设公司之间的合同关系而承担相应责任，可由谦全建设公司另行主张，该院对谦全建设公司的上述意见不予采纳。因谦全建设公司需将诉争工程款407351元返还市管理局，故市管理局应将相应的工程款发票退还谦全建设公司，鉴于市管理局在诉讼中明确其无法退还相应的发票，故诉争工程款所产生的税款12220.53元（407351元×税率3%）应由市管理局承担，该款可在谦全建设公司返还的工程款中予以扣减，即谦全建设公司应返还市管理局工程款395130.47元（407351元－12220.53元）。至于利息损失，结合双方过错情况，应按市管理局起诉之日计算为宜。综上，判决如下：1. 谦全建设公司于本判决生效之日起十日内返还市管理局工程款395130.47元及利息损失（自2020年5月22日起，按照同期全国银行间同业拆借中心公布的贷款市场报价利率计算至实际履行之日止）。2. 驳回市管理局的其他诉讼请求。如果未按本判决指定的期间履行给付金钱义务，应当依照《中华人民共和国民事诉讼法》第二百五十三条之规定，加倍支付迟延履行期间的债务利息。案件受理费7410元，减半收取3705元，由谦全建设公司负担。

二审法院认为，案外人林东升借用谦全建设公司的名义与市管理局签订建设工程施工合同，因违反法律的强制性规定，原审认定该合同无效，处理正确。涉案建设工程施工合同系由市管理局与谦全建设公司双方签订，林东升非上述合同的一方当事人。原审按照合同相对性原则，判令谦全建设公司承担相应的返还责任，处理妥当。谦全建设公司上诉称一审未按照事实法律关系判定责任主体，违反法定程序，导致其超额承担责任，应发回重审或依法改判，本院不予支持。谦全建设公司承担本案责任后，其与林东升之间的内部法律关系等，谦全建设公司可以通过另案诉讼等合法途径另行主张解决。

根据《最高人民法院关于民事诉讼证据的若干规定》第十条第一款第（十）项的规定，已为人民法院发生法律效力的裁判所确认的基本事实，当事人无须举证证明，但是当事人有相反的证据足以推翻的除外。温州设计集团有限公司经复审涉案工程造价应核减644300元，该事实有已经生效的刑事判决作为基本事实予以确认。谦全建设公司上诉称一审判决对涉案工程造价的认定有误，另案中的设计审核文件存在诸多明显不合理的错误，而未给予纠正或重新鉴定的权利，缺乏事实和法律依据，本院不予支持。最后判决：驳回上诉，维持原判。

典型案例 4-3

金守赵、金利娜、林星信等建设工程合同纠纷案[①]

【案情简介】

2018 年 7 月，金守赵、金利娜家要建造房子，并通过政府相关部门审批。林星信是一个在农村多年从事建房的泥水工匠。2018 年 7 月，金守赵、金利娜与林星信约定，由林星信承包完成原告位于下街村四间住宅用房泥水部分的施工。林海土系农村建房多年的木匠，金守赵、金利娜将整幢房屋的木工部分（包壳子部分）承包给被告林海土。房屋建到五层后，发现房屋中大梁、楼板出现开裂渗水，梁与柱位置未连接等质量问题。

【法院观点】

一审法院认为，本案原告将自建房屋整体的泥水部分，以包工不包料的方式承包给被告林星信，由原告自己提供建筑所需材料，被告林星信以其在农村多年的建房经验与技术，根据原告金利娜提供的建房方案与思路要求进行修建房屋，双方的法律关系，实质构成建设工程的承包合同关系，也就是被告林星信作为整个房屋泥水部分的承包人，按照原告的指示要求完成建房并交付房屋，原告支付工作报酬作为对价的行为。同样地，被告林海土作为木匠，原告将在整个房屋建造过程中的整体地梁、柱、墙等支模板（也称包壳子）的部分工作分包给被告林海土完成，实质上也是建设工程承包合同关系。原告自建的房屋现状是五层楼房，其已超出了农村一般建设的低层住宅的范围，根据建筑法第八十三条规定，三层（含三层）以上的农民住房建设管理严格执行建筑法等法律法规规定，故涉案的房屋建设工程应适用建筑法。根据建筑法的相关规定，原告的房屋必须承包给具有施工资质的建筑单位及相应资质的专业技术人员。从事该建筑的专业技术人员，应当依法取得相应的执业资格证书，并在执业资格证书许可的范围内从事建筑活动。具体在本案，被告林星信虽自称其持有建设二层资质的泥水工匠证书，但对于建设原告五层的楼房，也不具备相应等级的资质，而被

① 金守赵、金利娜、林星信等建设工程合同纠纷二审民事判决书，浙江省台州市中级人民法院民事判决书（2021）浙 10 民终 29 号。

告林海土更是一个没有相关行业资质的农村木匠。故无资质的承包人不能成为建设工程承包合同的合格主体，本案原、被告方之间的建设工程承包合同无效。

原告第一项诉讼请求，即要求被告承担该建设工程达到原合同目的的违约金 350000 元。该院在庭审时已明确向原告作本涉案建设工程承包合同无效的释明，并征询原告是否需要变更诉讼请求，但原告仍坚持该项诉讼请求，故该院认为，因原、被告间建设工程承包合同属无效，双方亦未签订相关书面合同，也未约定违约金事项，原告主张要求两被告赔偿违约金 350000 元，没有事实依据和法律依据，该院不予支持。

两被告明知自己未具有从事原告五层楼房建设的相关行业资质却仍接受房主的工作，造成原告所建房屋出现质量问题，故两被告对原告所建房屋出现的质量问题均有一定的过错，根据两被告从事完成的工种及房屋技术要求，在责任过错大小方面，被告林星信的过错责任应大于被告林海土。另外，本案原告作为建造房屋的房主，擅自选用没有相关资质的两被告进行承包建设，具有在选任方面的过失，造成房屋存在质量问题；且原告在涉案房屋建造过程中，都在现场进行管理与监督，并指示两被告按照其思路及规划进行建造，直至房屋建造到五层，却未能有效防止经济损失的进一步扩大，故该院认为原告自身也有过错。具体过错责任大小，该院酌情认定由被告林星信承担 50%，由被告林海土承担 20%，原告承担 30%，原告支付有关房屋质量鉴定的费用为 35000 元，故被告林星信承担鉴定费 35000 × 50% = 17500（元）；被告林海土承担鉴定费 35000 × 20% = 7000（元）。

关于原告请求两被告按照当地三居室租金均值，以每月 1300 元标准计算，由被告承担 18 个月的租金共计 23400 元。该院认为，原告、被告间并未签订相关书面合同，未约定建设工期及逾期相关责任，且原告也未能提供相关证据证明其实际造成的该项经济损失，原告该项诉讼请求缺乏事实依据和法律依据，该院亦不予支持。

关于原告主张要求两被告承担加固后，正常使用工程维修期内的后续质量问题。该院认为，原告的房屋经鉴定存在安全隐患，并有相关的加固修复方案报告，现未进行加固修复，故应当先行进行加固修复，而原告现在要求两被告承担工程加固后正常使用维修期间的后续质量问题，亦属于未实际发生的问题，该院现难以支持原告的该项诉讼请求。之后若发生质量问题，应在加固修复后，再作处理。同时，原告在本案中因未主张加固修复费用，该院不作处理，原告亦可另案主张。如果原告另案主张加固修复费用时，将涉案房屋的加固修复鉴定报告和加固修复造价鉴定意见书作为证据使用，相关的鉴定费用也可作为损失一并进行主张。

二审法院认为，本案中，双方的建设工程承包合同违反了强制性规定而无效。一审在庭审时已明确向上诉人作了涉案建设工程承包合同无效的释明，保障了上诉人的诉讼权利，并征询上诉人是否需要变更诉讼请求，但上诉人仍坚持该项诉讼请求。因双方建设工程承包合同无效，在整个建房过程中双方亦未签订过任何相关的书面合同对违约情况进行约定，上诉人主张要求两被上诉人赔偿违约金350000元没有事实依据和法律依据，故一审予以驳回并无不当。关于涉案房屋加固修复方案鉴定意见以及加固修复造价鉴定意见的采纳问题。上诉人提出一审未对司法鉴定报告（加固方案）及工程造价意见书进行认证，不符合民事诉讼证据规则。该组证据是上诉人要求鉴定的，但其在一审庭审中又不将此作为证据进行举证，且上诉人的诉讼请求也与该组证据无关，故一审对该组证据不进行认证符合相关规定。本案属于建设工程合同纠纷，上诉人与被上诉人之间的法律关系是建设工程的承包合同关系，而根据涉案房屋的实际情况及相关法律规定，涉案房屋的施工是必须承包给具有施工资质的建筑单位及相应资质的专业技术人员建造，而上诉人将涉案房屋建造的部分工作分包给并无相关资质的被上诉人，其本人在选任上存在过失。此外，上诉人在涉案房屋建造过程中，都在现场进行管理与监督，也不能提供有资质的设计部门出具的规范施工图纸和施工方案，故其自身也有过错，应当承担相应的责任。一审根据各方过错确定的责任比例基本妥适，应予维持。关于房屋质量不合格的处理方案，上诉人变更后的诉讼请求并未提到要求拆除重建，故一审对此未予回应并无不当。一审法院对涉案房屋进行鉴定，结论认为存在安全隐患，并有相关的加固修复方案报告。由于上诉人现未进行加固修复，也未变更诉讼请求，要求给付加固费用，故该加固修复费用另案处理。

典型案例4–4

杭州西腾环境集团有限公司、中国能源建设集团浙江火电建设有

限公司、浙江东发环保工程有限公司等建设工程合同纠纷案[①]

【案情简介】

浙江浙能玉环环保水务有限公司（以下简称玉环水务公司）作为建设单位，将工程交由浙江东发环保工程有限公司（以下简称浙江东发公司）承包。2018 年 3 月，浙江东发公司将“本案诉争建安工程”发包给中国能源建设集团浙江火电建设有限公司（以下简称浙江火电公司）施工，双方签订浙江浙能玉环环保水务有限公司干江污水处理厂及配套管网项目干江污水处理厂及干江 1#、2# 泵站建安工程合同，浙江某某业电力工程股份有限公司系被告浙江火电公司的控股子公司，系“本案诉争建安工程”浙江火电公司的项目管理方。浙江某某业电力工程股份有限公司于 2018 年 3 月发出招标文件，对该工程进行招标。杭州西腾环境集团有限公司（以下简称杭州西腾公司）参与投标，最后中标。杭州西腾公司指派“王小兵施工班组”于 2018 年 4 月 13 日进入“本案诉争建安工程”进行施工。在施工过程中，原告杭州西腾公司的“王小兵施工班组”与被告浙江火电公司发生矛盾，原告方认为被告方提供的施工场地的地基处理工程前期施工仍未完成，现场不具备交接条件，工地水源、电力不足、土质跟原设计存在较大差异等，而被告浙江火电公司认为原告方施工能力弱、人员不够，施工管理混乱，无法满足总包方和监理要求，为此双方多次引发争执，工程无法进一步推进。2018 年 7 月 12 日，杭州西腾公司玉环项目部、王小兵、浙江火电公司玉环项目部达成玉环市干江污水处理厂及配套管网工程关于王小兵施工班组退场的协议，协议订立后，杭州西腾公司王小兵施工班组退场，被告浙江火电公司将“本案诉争建安工程”重新发包给舟山市益民建筑安装工程有限公司施工。因工程款问题，杭州西腾公司作为原告，向法院起诉玉环水务公司、浙江东发公司、浙江火电公司。

【法院观点】

一审法院认为，被告浙江火电公司以工程款 61806118 元承包“本案诉争建安工程”后，以下降 5% 的价款即 5871 万元转包给原告杭州西腾公司施工，属于建设工程转包行为。故原告杭州西腾公司与被告

① 杭州西腾环境集团有限公司、中国能源建设集团浙江火电建设有限公司、浙江东发环保工程有限公司等建设工程合同纠纷二审民事判决书，浙江省台州市中级人民法院（2021）浙 10 民终 106 号。

浙江火电公司的建设工程施工关系因违反我国法律的强制性规定而无效。但是，因原、被告双方的建设工程施工合同无效，原告方主张的工程款包含窝工损失费、务工人员遣散费用等属于赔偿损失的诉讼请求，除鉴定机构认为证据不足外，在法律上也无法得到法院的支持。关于被告浙江火电公司的反诉请求，该院认为，缔约过失责任是指当事人在订立合同过程中，因违背诚信原则而给对方造成损失的赔偿责任。本案原告与被告浙江火电公司的建设工程施工合同无效，故无适用此责任之余地。本案合同无效，原告杭州西腾公司与被告浙江火电公司均有过错，故被告浙江火电公司反诉要求原告方承担赔偿损失责任，无法律依据。另外，被告浙江火电公司主张的赔偿损失系和第三方订立合同与原告合同之间差价，该差价也非原告、被告合同无效所致。故被告浙江火电公司的反诉请求，该院予以驳回。

二审法院认为，被上诉人浙江火电公司将承包的全部建筑工程转包给上诉人杭州西腾公司，违反了建筑法第二十八条的规定，双方之间的建设工程施工合同关系依法应认定无效。上诉人杭州西腾公司主张的停工、窝工损失，属于赔偿损失的请求，不应当纳入其主张的工程款范畴；并且，鉴定机构根据现有鉴定资料无法确定停工时间及其费用，故一审法院对杭州西腾公司主张的停工、窝工损失不予支持，并无不当。至于上诉人杭州西腾公司主张的可得利益损失，必须基于合同合法有效，故在本案所涉合同因违反法律强制性规定而无效的情况下，上诉人主张可得利益损失亦缺乏法律依据，本院不予支持。

典型案例 4-5

金寨兴利建筑劳务有限公司、金文兵、罗海军建设工程合同纠纷案

【案情简介】

金寨兴利建筑劳务有限公司（以下简称兴利劳务公司）是一家建筑劳务施工企业，经营范围为土建、道路和市政等工程建设。承包建设工程施工，又转包给无资质的金文兵，金文兵在进场施工二十多天后无故退场。

【法院观点】

一审法院认为兴利劳务公司无工程建设资质而转包，因双方建设工程施工合同无效，关于合同履行的保证金约定亦属无效，兴利劳务公司依据无效合同取得的财产应当返还，确认兴利劳务公司返还履约保证金。

二审法院认为兴利劳务公司虽具有劳务作业资质，但其签订的合同均为工程总承包，而非劳务作业，兴利劳务公司另主张28万元系工程介绍费，但未提供证据予以证明，亦与常理不符，不予采信。

四、建设工程施工合同无效制度的思考与重构

（一）对2020年《施工合同司法解释》第一条的反思

孙宪忠在《民法典是对国家治理体系和治理能力现代化的重要提升》一文中指出：民法典并不只是权利的宣言，它更是国家治理的基本遵循和依靠。它的效力领域并不限于民事司法和一般民事主体的民事活动，而且还要对大多数行政管理机构的管理行为发挥制约和引导的作用，在法治社会里，民法社会运行的基本规律是民事主体享有充分的自主权，其行为自理、责任自负。所以不论是在我国还是在其他国家，民法都要满足民事主体能够充分地行使民事活动的自主权，要完成民法社会的治理，提升其治理的能力，最佳的途径当然是提升民事主体的自决权，强化民事权利体系，充分尊重民事主体的意思自治和责任自负。①

张水波在《工程合同对承包商索赔成功的影响研究》一文中研究了北方某仲裁委员会10年间的106个以裁决作为解决方式的工程案例，结果显示合同条款签订的完整性与承包商的合同管理水平对于承包商获得的仲裁裁决支持比例均具有正向影响。②在建设工程领域，应该减少判定建设施工合同无效的情形，发挥当事人的主观能动性，通过合同达到提高工程质量的目的。

要给建筑企业发展一个更好的商业环境，就需要把通过合同解决的事情，运用民法解决，而不是采取行政手段解决。加强政府的指导职能，通过市场调解，允许当事人通过合同确定各自的权利义务，通过合

① 孙宪忠．民法典是对国家治理体系和治理能力现代化的重要提升[J]．中国法律评论，2020，(03)：1-3.

② 张水波，吕思佳．工程合同对承包商索赔成功的影响研究[J]．工程管理学报，2016，30(03)：14-19.

同的履行，完成工程项目。

建筑施工企业资质的缺失不等于法人的民事权利能力和民事行为能力的丧失。以法人身份设立建筑施工企业，首先去工商部门办理注册登记，获取营业执照，建筑企业的经营范围一般为建筑施工、房屋装修等。获取营业执照，就是一个组织体拥有法人资格的证明和外向化。在民法上，这个组织体就有了民事权利能力和民事行为能力。法人的民事权利能力和民事行为能力，与自然人不同，法人的民事权利能力和民事行为能力是一致的。营业执照的经营范围和建筑资质等级的内容不同，建筑施工企业资质的等级依据是注册资本、专业技术人员、技术装备和已完成的建筑工程业绩等条件，工商部门登记的营业范围不是建筑资质等级的完整内容，只是一般性规定。因而建筑资质等级并不是法人的民事权利能力和民事行为能力的范围，是政府颁发的建筑企业参与建筑市场活动，进入建筑业市场的准入证。民法典第五百零五条规定当事人超越经营范围订立合同，并不必然导致合同无效。

2020 年《建筑工程施工合同司法解释》是在民法典生效之前出台的，虽然它的生效导致 2004 年《施工司法解释》和 2018 年《施工司法解释》的失效，可是 2020 年《建筑工程施工合同司法解释》却是前两个司法解释的综合体。建筑施工资质问题并不能成为合同有效或者无效的绝对判断标准。实践中，除勘察、设计等较具有技术含量的施工合同之外，大多数施工类型并不以是否具有资质作为必备要件。因此，2020 年《建筑工程施工合同司法解释》规定因违反资质的强制性规定而导致合同无效的解释，实际上变相扩大了无效合同的范围，与民法典的立场相冲突。①

（二）应该按照民法典第一百五十三条的本意解释

民法典在第一条目的条款②中，就规定民法典就是“维护社会和经济秩序”，在建筑领域，建筑施工管理也被称为建筑合同管理，建筑合

---

① 时明涛．民法典时代实际施工人制度的理解与完善[J]．河北法学，2022，40(09)：119-141．

② 民法典第一条　为了保护民事主体的合法权益，调整民事关系，维护社会和经济秩序，适应中国特色社会主义发展要求，弘扬社会主义核心价值观，根据宪法，制定本法。

同的质量和建筑管理的质量是息息相关，但是在现实中，存在大量无效建筑工程合同，这对建筑经济秩序的稳定以及建筑行业的发展，都是非常大的阻碍。

有学者认为，民法典第一百五十三条是对合同法（已失效）第五十二条的继承。对于民事法律行为的效力，民法典第一百四十三条[①]是正向规定有效的条件，而第一百五十三条[②]则是反向无效的情形。从第一百四十三条可以推出，违反法律、行政法规的强制性规定的法律行为无效；而第一百五十三条则增加“但是”条款，规定不是所有违反强制性的行为都无效，给了法官自由裁量权，法院要判定哪些违反强制性规定会导致无效，哪些违反强制性规定，不会导致无效，以及与合同法（已失效）第五十二条第五款[③]的关系。欧思源在《刍议违反强制性规范的法律行为效力——兼论〈民法典〉相关规定》[④]一文中认为，是“新瓶装旧酒”，可从合同法（已失效）第五十二条的第五款的演变过程，看出民法典第一百五十三条“但是”的意义。

合同法（已失效）第五十二条出台后，如果严格按照第五十二条第五款的规定，无效合同的数量巨大，就会影响经济的稳定。为了避免适用第五款导致合同无效的情形过多，2009年《合同法司法解释(二)》对合同法（已失效）第五十二条第五款解释为：违反效力性强制规范的民事法律行为无效。这就带来一系列争议：强制性规范的范围、区分标准以及违反的后果。

而民法典第一百五十三条的规定，放弃管理性强制规范和效力性

---

① 民法典第一百四十三条　具备下列条件的民事法律行为有效：
（一）行为人具有相应的民事行为能力；
（二）意思表示真实；
（三）不违反法律、行政法规的强制性规定，不违背公序良俗。

② 民法典第一百五十三条　违反法律、行政法规的强制性规定的民事法律行为无效。但是，该强制性规定不导致该民事法律行为无效的除外。违背公序良俗的民事法律行为无效。

③ 合同法(已失效)第五十二条有下列情形之一的，合同无效：
（一）一方以欺诈、胁迫的手段订立合同，损害国家利益；
（二）恶意串通，损害国家、集体或者第三人利益；
（三）以合法形式掩盖非法目的；
（四）损害社会公共利益；
（五）违反法律、行政法规的强制性规定。

④ 欧思源．刍议违反强制性规范的法律行为效力——兼论〈民法典〉相关规定[J]．西部学刊，2021，(23)：91-95.

强制规范的区分，但是强制规范的来源仍然是法律和行政法规。"但是"条款是一个"原则无效，例外有效"的条款，是对前面条款的限定，虽然违反强制性规定，但不导致法律行为无效，可判定为有效，导致无效的，可判定为无效。从2023年5月最高人民法院制定《关于适用〈中华人民共和国民法典〉合同编通则若干问题的解释》（以下简称2023年《合同编通则解释》）的第十六条规定看，是属于后者。

2023年《合同编通则解释》第十六条就是对"合同违反法律、行政法规的强制性规定"的解释，第一款规定"强制性规定虽然旨在维护社会公共秩序，但是合同的实际履行对社会公共秩序造成的影响显著轻微，认定合同无效将导致案件处理结果有失公平公正"，人民法院可以依据民法典第一百五十三条第一款关于"该强制性规定不导致该民事法律行为无效的除外"的规定认定该合同不因违反强制性规定无效。资质是建筑行业改革的核心，因为资质问题和违法分包、转包是紧密相关的。这种现象最本质的核心就是：无资质或者低资质者借用高资质承揽工程，并作为自然人的"包工头"，带领施工队与总承包企业或者专业承包企业签订劳务合同，或者通过层层转包、分包劳动合同后，"挂羊头卖狗肉"式地完成工程施工任务。另外，个人资质要和企业资质区分。两者获取的条件不同，个人资质一般都要拥有专业知识并通过专业资格考试，有些还需要一定的工作经历。企业是个拟制法人，一般情况下资质的取得是和其拥有的设备、工作业绩等相关，例如施工总承包企业资质与专业承包企业资质的等级，是依据企业净资产、企业主要人员数量与职称、企业工程业绩、技术装备等设定。资质管理以个人技术资格为基础。如日本要求企业技术负责人要获得国家认定的建筑师资格，每个营业所要有达到技术资格要求的专职管理人员，以保障施工的质量需强化个人责任。

行政机关对建筑企业设定的资质门槛和对转包、违法分包的处罚是在计划经济下维护建筑市场秩序的根基。2020年《建设工程施工合同司法解释》第一条对"违反法律、行政法规的强制性规定"的解释与2023年《合同编通则解释》第十六条是有冲突的，根据"法不溯及既往"和"从新"原则，两个解释有冲突时，2023年《合同编通则解释》优先适用。所以，建设施工合同不应因为违反建筑企业资质和禁止转包、违法分包的规定而无效，这就解决了98%的建设施工合同无效的问题。

附件　统计案件列表

案件名称	审理程序	审结日期	审理法院	案件字号
王万兵与上海仕爵建筑工程有限公司等建设工程合同纠纷二审案件二审民事判决书	二审	2021/2/1	上海市第一中级人民法院	（2020）沪01民终5982号
翟世友与赤峰永成建设集团有限公司、韩洪岳建设工程合同纠纷二审民事判决书	二审	2021/4/12	内蒙古自治区赤峰市中级人民法院	（2021）内04民终999号
张军伟与王卢名建设工程合同纠纷二审民事判决书	二审	2021/3/1	内蒙古自治区呼和浩特市中级人民法院	（2020）内01民终279号
北京优润建筑装饰有限公司等与北京延红伟业园林绿化有限公司建设工程合同纠纷二审民事判决书	二审	2023/6/29	北京市第三中级人民法院	（2023）京03民终6706号
杨国才、磐石市红旗岭镇西大顶子村村民委员会建设工程合同纠纷二审民事判决书	二审	2023/6/26	吉林省吉林市中级人民法院	（2023）吉02民终1354号
杨国才、磐石市红旗岭镇大岭子村村民委员会建设工程合同纠纷二审民事判决书	二审	2023/6/26	吉林省吉林市中级人民法院	（2023）吉02民终1355号
张顶、于洪强等建设工程合同纠纷二审民事判决书	二审	2023/5/16	吉林省长春市中级人民法院	（2023）吉01民终1779号

续表

案件名称	审理程序	审结日期	审理法院	案件字号
沙爽、白山市启嘉建筑有限公司等建设工程合同纠纷二审民事判决书	二审	2023/4/20	吉林省白山市中级人民法院	(2023)吉06民终105号
长春好时代建设有限责任公司、长春经济技术开发区管理委员会建设工程合同纠纷二审民事判决书	二审	2023/3/30	吉林省长春市中级人民法院	(2022)吉01民终4301号
白山市江源区鼎泰建设工程有限公司、长春金城工程建设有限公司等建设工程合同纠纷二审民事判决书	二审	2022/4/25	吉林省白山市中级人民法院	(2022)吉06民终325号
吉林市隆华建筑工程有限责任公司与李富东建设工程合同纠纷二审民事判决书	二审	2021/3/26	吉林省吉林市中级人民法院	(2021)吉02民终453号
隆生国际建设集团有限公司、伍渝江等建设工程合同纠纷二审民事判决书	二审	2021/9/10	四川省成都市中级人民法院	(2021)川01民终9035号
李国摇、徐之勇建设工程合同纠纷二审民事判决书	二审	2021/5/28	四川省成都市中级人民法院	(2021)川01民终6542号
天津合生珠江房地产开发有限公司、天津泉州建设工程集团有限公司建设工程合同纠纷二审民事判决书	二审	2021/5/12	天津市第一中级人民法院	(2021)津01民终968号
安徽平昊工程建设有限公司、中煤第七十一工程处有限责任公司建设工程合同纠纷二审民事判决书	二审	2021/6/7	安徽省淮北市中级人民法院	(2021)皖06民终584号

续表

案件名称	审理程序	审结日期	审理法院	案件字号
安徽平昊工程建设有限公司、中煤第七十一工程处有限责任公司建设工程合同纠纷二审民事判决书	二审	2021/6/7	安徽省淮北市中级人民法院	（2021）皖06民终585号
杜昌虎、刘成付等建设工程合同纠纷二审民事判决书	二审	2022/12/6	安徽省蚌埠市中级人民法院	（2022）皖03民终3366号
安徽平昊工程建设有限公司、中煤第七十一工程处有限责任公司、陈雷等建设工程合同纠纷二审民事判决书	二审	2021/6/7	安徽省淮北市中级人民法院	（2021）皖06民终583号
天津宇昊建设工程集团有限公司、安徽宸睿电器有限公司建设工程合同纠纷二审民事判决书	二审	2021/3/17	安徽省滁州市中级人民法院	（2021）皖11民终266号
金寨兴利建筑劳务有限公司、金文兵、罗海军建设工程合同纠纷二审民事判决书	二审	2021/2/7	安徽省六安市中级人民法院	（2021）皖15民终455号
李铁与济南能源工程集团有限公司建设工程合同纠纷二审民事判决书	二审	2021/3/15	山东省济南市中级人民法院	（2020）鲁01民终14006号
李志明、山东泰信岩土工程有限公司等建设工程合同纠纷二审民事判决书	二审	2023/5/22	山东省潍坊市中级人民法院	（2023）鲁07民终2063号
李凝、中建七局第二建筑有限公司等建设工程合同纠纷二审民事判决书	二审	2023/1/19	山东省威海市中级人民法院	（2022）鲁10民终2636号
青岛元合建筑劳务有限公司、青岛市黄岛区建筑工务中心等建设工程合同纠纷二审民事判决书	二审	2022/9/25	山东省青岛市中级人民法院	（2022）鲁02民终7673号

续表

案件名称	审理程序	审结日期	审理法院	案件字号
泰安市岱岳区良庄镇陈宣洛村村民委员会、陈涛建设工程合同纠纷二审民事判决书	二审	2022/8/24	山东省泰安市中级人民法院	（2022）鲁09民终3429号
翟永顺、肖桂明等建设工程合同纠纷二审民事判决书	二审	2022/1/17	山东省枣庄市中级人民法院	（2021）鲁04民终3363号
孙义、济宁市汇源建安有限公司第一分公司等建设工程合同纠纷二审民事判决书	二审	2021/7/9	山东省济宁市中级人民法院	（2021）鲁08民终2342号
谭志兵、阳谷荣泰置业有限公司建设工程合同纠纷二审民事判决书	二审	2021/4/26	山东省聊城市中级人民法院	（2021）鲁15民终500号
洪天政、山东辰光建设置业有限公司建设工程合同纠纷二审民事判决书	二审	2021/4/2	山东省菏泽市人民法院	（2021）鲁17民终588号
微山县某工程处、曹某建设工程合同纠纷二审民事判决书	二审	2021/1/19	山东省济宁市中级人民法院	（2021）鲁08民终84号
江门市新会区某有限公司、江某林等建设工程合同纠纷二审民事判决书	二审	2023/7/5	广东省江门市中级人民法院	（2023）粤07民终1922号
汕头市世纪恒翔贸易有限公司、广州市舒安消防工程有限公司惠州大亚湾分公司等建设工程合同纠纷二审民事判决书	二审	2023/6/27	广东省惠州市中级人民法院	（2023）粤13民终1076号
惠州市深华科技投资有限公司、臧龙等建设工程合同纠纷二审民事判决书	二审	2023/4/12	广东省惠州市中级人民法院	（2023）粤13民终1100号
朱靖晓、李成富等建设工程合同纠纷二审民事判决书	二审	2022/12/19	广东省佛山市中级人民法院	（2022）粤06民终8788号

续表

案件名称	审理程序	审结日期	审理法院	案件字号
张永福、深圳市建装业集团股份有限公司等建设工程合同纠纷二审民事判决书	二审	2022/10/9	广东省佛山市中级人民法院	(2022)粤06民终10190号
黄永松、广东中凯建设工程有限公司等建设工程合同纠纷二审民事判决书	二审	2022/9/29	广东省佛山市中级人民法院	(2022)粤06民终9894号
冯炳秋、李铨炽建设工程合同纠纷二审民事判决书	二审	2022/5/25	广东省中山市中级人民法院	(2022)粤20民终2873号
王兰球、广东诚创建设有限公司建设工程合同纠纷二审民事判决书	二审	2021/10/11	广东省佛山市中级人民法院	(2021)粤06民终11730号
魏微与刘锦华、广东立远建设有限公司建设工程合同纠纷二审民事案件判决书	二审	2021/9/23	广东省清远市中级人民法院	(2021)粤18民终3023号
江门市鲁星建筑工程有限公司、广东耀南建设集团有限公司等建设工程合同纠纷二审民事判决书	二审	2021/9/10	广东省江门市中级人民法院	(2021)粤07民终3295号
古锦麟、周建军建设工程合同纠纷二审民事判决书	二审	2021/8/27	广东省中山市中级人民法院	(2021)粤20民终4604号
凭祥市南兴房地产开发有限公司、肖宝忠、谭周龙建设工程合同纠纷二审民事判决书	二审	2021/4/6	广西壮族自治区崇左市中级人民法院	(2021)桂14民终1号
罗海建与新疆疆域房地产开发有限公司、新疆冠农天府房地产开发有限公司等建设工程合同纠纷二审判决书	二审	2023/3/27	新疆生产建设兵团第(农)二师中级人民法院	(2023)兵02民终24号

续表

案件名称	审理程序	审结日期	审理法院	案件字号
史传朋、克拉玛依市独山子区城市建设开发有限责任公司建设工程合同纠纷二审民事判决书	二审	2023/4/11	新疆维吾尔自治区克拉玛依市中级人民法院	(2023)新02民终33号
王新安、新疆天筑建工集团有限公司建设工程合同纠纷二审民事判决书	二审	2023/3/22	新疆生产建设兵团第(农)八师中级人民法院	(2023)兵08民终215号
邵根平、司克涛等建设工程合同纠纷二审民事判决书	二审	2022/12/20	新疆维吾尔自治区喀什地区中级人民法院	(2022)新31民终1266号
叶城县金秋实业生物肥有限公司、张翠建设工程合同纠纷二审民事判决书	二审	2021/9/27	新疆维吾尔自治区喀什地区中级人民法院	(2021)新31民终1579号
西安绿美艺术环境工程有限公司、南京天勤园林工程有限公司建设工程合同纠纷二审民事判决书	二审	2023/4/21	江苏省淮安市中级人民法院(原江苏省淮阴市中级人民法院)	(2023)苏08民终434号
马艾芳、陈爱芹等建设工程合同纠纷二审民事判决书	二审	2022/12/19	江苏省淮安市中级人民法院(原江苏省淮阴市中级人民法院)	(2022)苏08民终3472号
夏正清、周守旺等建设工程合同纠纷二审民事判决书	二审	2022/12/12	江苏省连云港市中级人民法院	(2022)苏07民终3745号
邹城市第二建筑公司、张文秋等建设工程合同纠纷二审民事判决书	二审	2022/11/9	江苏省盐城市中级人民法院	(2022)苏09民终4251号
蔡红卫、江苏恒悦建设工程有限公司建设工程合同纠纷二审民事判决书	二审	2021/8/27	江苏省盐城市中级人民法院	(2021)苏09民终4100号
王思东、江苏欣竑成建设集团有限公司等建设工程合同纠纷二审民事判决书	二审	2021/8/10	江苏省南通市中级人民法院	(2021)苏06民终1049号

续表

案件名称	审理程序	审结日期	审理法院	案件字号
徐新贤、邓黎东与江南园林有限公司、东方盐湖城旅游发展有限公司建设工程合同纠纷二审民事判决书	二审	2021/6/29	江苏省常州市中级人民法院	(2021)苏04民终1968号
刘太伟、徐州市贾汪城市建设投资有限公司建设工程合同纠纷二审判决书	二审	2021/6/21	江苏省徐州市中级人民法院	(2021)苏03民终2434号
广西三实城乡建设集团有限公司与盐城市枫林园林工程有限公司、江苏华枫园林工程有限公司建设工程合同纠纷二审民事判决书	二审	2021/4/12	江苏省盐城市中级人民法院	(2021)苏09民终938号
刘加伍、浙江祥生建设工程有限公司与抚州祥生房地产开发有限公司建设工程合同纠纷二审民事判决书	二审	2023/5/10	江西省抚州地区(市)中级人民法院	(2023)赣10民终232号
江西有色冶金建设有限公司、胡名星与朱小华建设工程合同纠纷二审民事判决书	二审	2023/4/27	江西省新余市中级人民法院	(2023)赣05民终315号
郭某某、刘某某等建设工程合同纠纷二审民事判决书	二审	2023/6/6	河北省邢台市中级人民法院	(2023)冀05民终1267号
中润滨海建设集团有限公司、周彦仓建设工程合同纠纷二审民事判决书	二审	2021/1/29	河北省唐山市中级人民法院	(2021)冀02民终497号
福建省永泰建筑工程公司、鲍道国等建设工程合同纠纷二审民事判决书	二审	2022/12/23	河南省许昌市中级人民法院	(2022)豫10民终3411号
张长德、李天义建设工程合同纠纷二审民事判决书	二审	2022/12/9	河南省许昌市中级人民法院	(2022)豫10民终3039号

续表

案件名称	审理程序	审结日期	审理法院	案件字号
李新建、杨占峰等建设工程合同纠纷二审民事判决书	二审	2022/10/24	河南省许昌市中级人民法院	(2022)豫10民终2685号
河南蒲新建设劳务有限公司、王保勤等建设工程合同纠纷二审民事判决书	二审	2022/9/15	河南省许昌市中级人民法院	(2022)豫10民终1892号
漯河市第三建筑工程有限公司、李华建设工程合同纠纷二审民事判决书	二审	2021/12/29	河南省漯河市中级人民法院	(2021)豫11民终2828号
何金东、新蒲建设集团有限公司等建设工程合同纠纷二审民事判决书	二审	2021/11/18	河南省郑州市中级人民法院	(2021)豫01民终14730号
桑素芹、赵爱国等建设工程合同纠纷二审民事判决书	二审	2021/10/29	河南省安阳市中级人民法院	(2021)豫05民终4042号
吴乾龙、宝鼎建设工程有限公司建设工程合同纠纷二审民事判决书	二审	2021/7/27	河南省郑州市中级人民法院	(2021)豫01民终8473号
李春芳、倪伟红等建设工程合同纠纷二审民事判决书	二审	2021/6/10	河南省商丘市中级人民法院	(2021)豫14民终1453号
博爱旭阳房地产开发有限公司、刘延雷建设工程合同纠纷二审民事判决书	二审	2021/4/8	河南省焦作市中级人民法院	(2021)豫08民终520号
张高峰、马海林建设工程合同纠纷二审民事判决书	二审	2021/3/12	河南省洛阳市中级人民法院	(2021)豫03民终746号
李国成、淅川县华富陶瓷有限公司建设工程合同纠纷二审民事判决书	二审	2021/2/1	河南省南阳市中级人民法院	(2020)豫13民终7103号
周忠、宁波景瑞置业有限公司等建设工程合同纠纷二审民事判决书	二审	2023/1/18	浙江省宁波市中级人民法院	(2022)浙02民终5922号

续表

案件名称	审理程序	审结日期	审理法院	案件字号
邵再通、宁波四明湖生态建设有限公司建设工程合同纠纷二审民事判决书	二审	2023/1/12	浙江省宁波市中级人民法院	（2022）浙02民终5019号
江苏万事达建设工程有限公司、中建二局安装工程有限公司建设工程合同纠纷二审民事判决书	二审	2023/1/10	浙江省宁波市中级人民法院	（2022）浙02民终5356号
叶凯、鼎天建设集团有限公司等建设工程合同纠纷二审民事判决书	二审	2021/10/18	浙江省台州市中级人民法院	（2021）浙10民终1123号
夏柏生、中慈国际建设集团有限公司等建设工程合同纠纷二审民事判决书	二审	2021/8/18	浙江省湖州市中级人民法院	（2020）浙05民终1730号
浙江汉旗建设有限公司、吴金山、金朝阳建设工程合同纠纷二审民事判决书	二审	2021/4/19	浙江省金华市中级人民法院	（2020）浙07民终5290号
杭州西腾环境集团有限公司、中国能源建设集团浙江火电建设有限公司、浙江东发环保工程有限公司等建设工程合同纠纷二审民事判决书	二审	2021/4/6	浙江省台州市中级人民法院	（2021）浙10民终106号
金守赵、金利娜、林星信等建设工程合同纠纷二审民事判决书	二审	2021/3/25	浙江省台州市中级人民法院	（2021）浙10民终29号
温州谦全建设有限公司、温州市机关事务管理局建设工程合同纠纷二审民事判决书	二审	2021/3/4	浙江省温州市中级人民法院	（2021）浙03民终1075号
曹其德、傅炳良建设工程合同纠纷二审民事判决书	二审	2021/3/12	浙江省温州市中级人民法院	（2020）浙03民终5842号

续表

案件名称	审理程序	审结日期	审理法院	案件字号
武汉某科技公司与刘某品、武汉某工程公司建设工程合同纠纷二审民事判决书	二审	2023/9/20	湖北省宜昌市中级人民法院	（2023）鄂05民终1937号
湖南志远建设有限公司、肖国楚等建设工程合同纠纷二审民事判决书	二审	2022/9/19	湖南省邵阳市中级人民法院	（2022）湘05民终1320号
刘光红与李克善、郴州市恒广建筑有限公司等建设工程合同纠纷二审民事判决书	二审	2023/3/27	湖南省郴州市中级人民法院	（2023）湘10民终449号
彭立云与江西远沁建设工程有限责任公司、辰溪县正和房地产开发有限公司建设工程合同纠纷二审判决书	二审	2021/9/3	湖南省怀化市中级人民法院	（2021）湘12民终1710号
王龙、王军相建设工程合同纠纷二审民事判决书	二审	2021/6/18	湖南省郴州市中级人民法院	（2021）湘10民终1073号
陕西大一劳务有限公司、刘兵建设工程合同纠纷二审民事判决书	二审	2021/5/24	湖南省长沙市中级人民法院	（2021）湘01民终4979号
康尚明与甘肃海锋建设工程有限公司建设工程合同纠纷二审民事判决书	二审	2023/12/12	甘肃省兰州市中级人民法院	（2023）甘01民终7454号
庆某、陕某等建设工程合同纠纷二审民事判决书	二审	2023/12/28	甘肃省庆阳市中级人民法院（原甘肃省庆阳地区中级人民法院）	（2023）甘10民终2122号
金洪亮、宁夏第一建筑有限公司第一分公司建设工程合同纠纷二审民事判决书	二审	2021/3/1	甘肃省兰州市中级人民法院	（2020）甘01民终4839号
深圳瑞和建筑装饰股份有限公司与北京凌辉易达装饰有限公司、名城地产（兰州）有限公司等建设工程合同纠纷二审民事判决书	二审	2023/5/11	甘肃省兰州市中级人民法院	（2023）甘01民终913号

续表

案件名称	审理程序	审结日期	审理法院	案件字号
赵中科、崔新财建设工程合同纠纷二审民事判决书	二审	2021/1/20	甘肃省兰州市中级人民法院	（2020）甘01民终4521号
苏庆俤、宁德市霞浦公路事业发展中心等建设工程合同纠纷二审民事判决书	二审	2022/9/16	福建省宁德市中级人民法院	（2022）闽09民终1232号
黄德坤、尤溪县管前镇柳塘村民委员会建设工程合同纠纷二审民事判决书	二审	2022/7/29	福建省三明市中级人民法院	（2022）闽04民终923号
黄志满、杨进超建设工程合同纠纷二审民事判决书	二审	2021/4/13	福建省泉州市中级人民法院	（2021）闽05民终1941号
西藏安杰劳务承包有限公司、孟成红建设工程合同纠纷二审民事判决书	二审	2023/6/27	西藏自治区林芝地区中级人民法院	（2023）藏04民终81号
湖南创高建设有限公司、许旭东等建设工程合同纠纷一审民事判决书	一审	2021/6/28	西藏自治区昌都地区中级人民法院	（2021）藏03民初4号
凯天建设发展集团有限公司、吴腾等建设工程合同纠纷二审民事判决书	二审	2021/9/28	贵州省六盘水市中级人民法院	（2021）黔02民终2471号
贵州省兴仁县泉贵小城镇开发有限公司、马行仲建设工程合同纠纷二审民事判决书	二审	2021/6/25	贵州省黔西南布依族苗族自治州中级人民法院	（2021）黔23民终1514号
王昌伦、段学江等建设工程合同纠纷二审民事判决书	二审	2021/6/4	贵州省遵义市中级人民法院	（2021）黔03民终2261号
天柱县人民医院、贵州和润建设工程监理有限公司建设工程合同纠纷二审民事判决书	二审	2021/5/10	贵州省黔东南苗族侗族自治州中级人民法院	（2021）黔26民终1216号

续表

案件名称	审理程序	审结日期	审理法院	案件字号
施志强、沈阳天佑工程有限公司与黑龙江省建筑安装集团有限公司、沈阳燃气有限公司建设工程合同纠纷二审判决书	二审	2023/1/5	辽宁省沈阳市中级人民法院	（2022）辽01民终17848号
江苏中阳建设集团有限公司、李方贵等建设工程合同纠纷二审民事判决书	二审	2021/7/26	辽宁省盘锦市中级人民法院	（2021）辽11民终438号
三冶北方建筑安装总公司、聂钢林建设工程合同纠纷二审民事判决书	二审	2021/6/4	辽宁省本溪市中级人民法院	（2021）辽05民终609号
王化春、凌源金阳（集团）房地产开发有限公司建设工程合同纠纷二审民事判决书	二审	2021/3/31	辽宁省朝阳市中级人民法院	（2021）辽13民终465号
黔江区新华乡人民政府与王孔华建设工程合同纠纷二审民事判决书	二审	2022/12/13	重庆市第四中级人民法院	（2022）渝04民终1568号
杨化超，重庆曾忠建筑劳务有限公司与何伟，陈伦全等建设工程合同纠纷再审民事判决书	再审	2022/1/21	重庆市第一中级人民法院（原四川省重庆市中级人民法院）	（2021）渝01民再108号
重庆松宏建筑工程有限责任公司，项成相与重庆市赛尚装饰设计工程有限公司建设工程合同纠纷二审民事判决书	二审	2021/8/17	重庆市第二中级人民法院	（2021）渝02民终1487号
北京磊鑫建筑工程有限公司与中国建筑一局（集团）有限公司等建设工程合同纠纷二审民事判决书	二审	2021/3/12	重庆市第五中级人民法院	（2021）渝05民终1149号
陈绍元四川聚君建筑劳务有限公司等与重庆锦新建设集团有限公司建设工程合同纠纷二审民事判决书	二审	2021/2/7	重庆市第一中级人民法院（原四川省重庆市中级人民法院）	（2020）渝01民终8487号

续表

案件名称	审理程序	审结日期	审理法院	案件字号
简生权、王兴勇建设工程合同纠纷二审民事判决书	二审	2022/2/10	陕西省汉中市中级人民法院	(2021)陕07民终1724号
朱在祥、兴海县发展和改革局等建设工程合同纠纷一审民事判决书	一审	2023/1/12	青海省海南藏族自治州中级人民法院	(2021)青25民初16号
四川盛锋建筑工程有限公司、何进建设工程合同纠纷二审民事判决书	二审	2022/5/6	青海省黄南藏族自治州中级人民法院	(2022)青23民终15号
王销红、青海星晨水利水电工程有限公司等屈云飞建设工程合同纠纷二审民事判决书	二审	2021/1/13	青海省玉树藏族自治州中级人民法院	(2020)青27民终107号
浙江鸿翔建设集团股份有限公司、桦南招远皮革城有限公司建设工程合同纠纷二审民事判决书	二审	2023/1/30	黑龙江省佳木斯市中级人民法院	(2022)黑08民终1144号
福鼎市飞云新材料有限公司、林行剑建设工程合同纠纷二审民事判决书	二审	2022/12/20	福建省宁德市中级人民法院	(2022)闽09民终2192号
台山某公司、苏某超建设工程合同纠纷二审民事判决书	二审	2023/4/10	广东省江门市中级人民法院	(2023)粤07民终247号
广州昊美电力科技有限公司、陈贤汉等建设工程合同纠纷二审民事判决书	二审	2022/10/14	广西壮族自治区贺州市(地区)中级人民法院	(2022)桂11民终923号
骆海锋、盐城市大丰区筑巢空间设计有限公司等建设工程合同纠纷二审民事判决书	二审	2022/11/11	江苏省盐城市中级人民法院	(2022)苏09民终5523号
孙素琴、中国建筑一局(集团)有限公司等建设工程合同纠纷二审民事判决书	二审	2022/1/27	江苏省镇江市中级人民法院	(2021)苏11民终4032号

续表

案件名称	审理程序	审结日期	审理法院	案件字号
罗永利、杨传国等建设工程合同纠纷二审民事判决书	二审	2023/8/16	青海省西宁市中级人民法院	（2023）青01民终1998号
武汉诚兴恒达机电安装工程有限公司与杨连军、王仕贵等建设工程合同纠纷二审民事判决书	二审	2023/6/2	重庆市第四中级人民法院	（2023）渝04民终381号
岳阳市全成劳务有限公司与岳阳东方宏德置业有限公司建设工程合同纠纷二审民事判决书	二审	2022/10/27	湖南省岳阳市中级人民法院	（2022）湘06民终2811号
周忠、宁波景瑞置业有限公司等建设工程合同纠纷二审民事判决书	二审	2023/1/18	浙江省宁波市中级人民法院	（2022）浙02民终5922号
邵再通、宁波四明湖生态建设有限公司建设工程合同纠纷二审民事判决书	二审	2023/1/12	浙江省宁波市中级人民法院	（2022）浙02民终5019号
江苏万事达建设工程有限公司、中建二局安装工程有限公司建设工程合同纠纷二审民事判决书	二审	2023/1/10	浙江省宁波市中级人民法院	（2022）浙02民终5356号
叶凯、鼎天建设集团有限公司等建设工程合同纠纷二审民事判决书	二审	2021/10/18	浙江省台州市中级人民法院	（2021）浙10民终1123号
夏柏生、中慈国际建设集团有限公司等建设工程合同纠纷二审民事判决书	二审	2021/8/18	浙江省湖州市中级人民法院	（2020）浙05民终1730号
浙江汉旗建设有限公司、吴金山、金朝阳建设工程合同纠纷二审民事判决书	二审	2021/4/19	浙江省金华市中级人民法院	（2020）浙07民终5290号

续表

案件名称	审理程序	审结日期	审理法院	案件字号
杭州西腾环境集团有限公司、中国能源建设集团浙江火电建设有限公司、浙江东发环保工程有限公司等建设工程合同纠纷二审民事判决书	二审	2021/4/6	浙江省台州市中级人民法院	(2021)浙10民终106号
金守赵、金利娜、林星信等建设工程合同纠纷二审民事判决书	二审	2021/3/25	浙江省台州市中级人民法院	(2021)浙10民终29号